O BRASIL TEM JEITO?

O BRASIL TEM JEITO?

Organizado por:
Arthur Ituassu e Rodrigo de Almeida

Textos de:
Fabiano Santos
Gustavo Franco
Luiz Gonzaga Belluzzo
Merval Pereira
Miriam Leitão
Wanderley Guilherme dos Santos

JORGE **ZAHAR** EDITOR
RIO DE JANEIRO

Copyright desta edição © 2006:
Jorge Zahar Editor Ltda.
rua México 31 sobreloja
20031-144 Rio de Janeiro, RJ
tel.: (21) 2108-0808 / fax: (21) 2108-0800
e-mail: jze@zahar.com.br
site: www.zahar.com.br

Preparação de originais: Elisabeth Spaltemberg
Revisão tipográfica: Michele Mitie e Perla Serafim
Capa: Sérgio Campante

CIP-Brasil. Catalogação-na-fonte
Sindicato Nacional dos Editores de Livros, RJ.

B83 O Brasil tem jeito? / organizado por Arthur Ituassu & Rodrigo de Almeida; textos de Miriam Leitão... [et al.]. — Rio de Janeiro: Jorge Zahar Ed., 2006

ISBN 85-7110-932-X

1. Brasil – Política e governo. 2. Despesa pública – Política governamental – Brasil. 3. Brasil – Condições econômicas. 4. Brasil – Política econômica. I. Ituassu, Arthur. II. Almeida, Rodrigo.

CDD 320.981
06-2240. CDU 32(81)

Sumário

Os autores

Arthur Ituassu

Jornalista e professor da PUC-Rio nos departamentos de Engenharia Industrial e de Comunicação Social/Jornalismo. É mestre e candidato a doutor em relações internacionais pelo Instituto de Relações Internacionais (IRI) da PUC-Rio. Autor em openDemocracy (www.opendemocracy.net).

Fabiano Santos

Cientista político, professor e pesquisador do Iuperj, autor, em parceria com Fátima Anastasia e Carlos Ranulfo de Melo, de *Representação e Governabilidade na América do Sul* (São Paulo: Fundação Konrad Adenauer e Editora da UNESP, 2004).

Gustavo H.B. Franco

Professor do Departamento de Economia da PUC-Rio. Diretor e presidente do Banco Central do Brasil de 1993 a 1999.

Luiz Gonzaga Belluzzo

Bacharel em Direito e em Ciências Sociais pela USP, pós-graduado em Economia Industrial pelo Instituto Latino-Americano de Planificação-

Cepal, doutor em Economia pela Unicamp. Em 2001, foi incluído na lista dos cem economistas heterodoxos do século XX no *Biographical Dictionary of Dissenting Economists.*

MERVAL PEREIRA

Comentarista da Globonews e da rádio CBN. Colunista de *O Globo*, onde trabalha desde 1968, tendo exercido entre outras funções a de editor nacional, editor-chefe, diretor da sucursal de Brasília e diretor de jornalismo. Trabalhou na revista *Veja*, onde foi chefe das sucursais de Brasília e do Rio e editor nacional em São Paulo. Também foi editor-executivo do *Jornal do Brasil* e cursou, de 1991 a 1992, uma especialização em política internacional na Universidade Stanford (EUA). É membro do Conselho Editorial das Organizações Globo e do Conselho Editorial do jornal *Valor Econômico*; Conselheiro do Centro de Estudos da América da Universidade Cândido Mendes e *media leader* do World Economic Forum.

MIRIAM LEITÃO

Jornalista multimídia, com comentários e colunas na televisão aberta, jornal, rádio, um programa de entrevistas na Globonews e um site no Globonline. Sua característica é trabalhar nas fronteiras entre a economia, a política, as questões sociais e ambientais. Entre os diversos prêmios que recebeu nos seus 32 anos de profissão está o Maria Moors Cabot Prize da Universidade Columbia.

RODRIGO DE ALMEIDA

Jornalista. Mestre em ciência política pela Universidade Federal do Rio de Janeiro (UFRJ) e candidato a doutor em ciência política pelo Instituto Universitário de Pesquisas do Rio de Janeiro (Iuperj). É editorialista, colunista político e editor do caderno Idéias & Livros, do *Jornal do Brasil.*

WANDERLEY GUILHERME DOS SANTOS

Graduado em Filosofia e Ph.D. em Ciência Política (Universidade Stanford), professor titular (aposentado) de Teoria Política da Universidade Federal do Rio de Janeiro, membro fundador do Iuperj, diretor do Laboratório de Estudos Experimentais e pró-reitor de Análise e Prospectiva da Universidade Cândido Mendes. Membro titular da Academia Brasileira de Ciências.

Arthur Ituassu e
Rodrigo de Almeida

Introdução

Na decantada marca dos paradoxos que balizam a história nacional, o Brasil constitui um país de ausências e contradições, mas também de possibilidades. Já é um bom caminho assumir tal premissa. Convém acreditar que há trilhas exeqüíveis a seguir para que se obtenham reais mudanças – de curto ou de longo prazo, mas sempre debatidas e alcançadas pela via institucional. Não é preciso, porém, transformar-se em passageiro de uma estéril esperança de redenção nacional para absorver a idéia de que o Brasil tem jeito. E de que esse jeito está ao nosso alcance.

Sublinhada essa convicção, chega-se à segunda premissa. É preciso enterrar de vez a expectativa de que a mudança será conduzida por um messias, um salvador da pátria. O mito do homem providencial sucumbiu diante do crescente amadurecimento da democracia representativa no país. Experimentadas todas as forças políticas relevantes originadas depois do regime militar instaurado em 1964, o Brasil sabe hoje que não há milagres a promover para que avancemos. De José Sarney a Luiz Inácio Lula da Silva, passando pelos rápidos governos de Fernando Collor e Itamar Franco, além dos oito anos de Fernando Henrique Cardoso, o Brasil pode ter enfrentado muitas dificuldades, desperdiçado outras tantas oportunidades e oferecido incontáveis argumentos para frustrações do eleitor. É inegável, no entanto, que chega à quinta eleição presidencial consecutiva pós-regime militar melhor do que já foi.

Isso não significa satisfação com o que temos. Tampouco resignação com o atual ritmo das mudanças. É preciso reconhecer, de fato, a possibilidade de um projeto de desenvolvimento para o país, balizado pela articulação entre governos, trabalhadores, mercados financeiros, empresários dos mais diversos setores, entre outros. Algo que não se volte apenas para a noção simplificadora de "crescimento", mas que tenha também como prioridade lidar, por exemplo, com a absurda desigualdade de renda – entre as piores do mundo – que impera em nossa sociedade. Crescer é certamente importante, mas não de modo a reproduzir: 1) a recusa em se tratar dos problemas sociais sérios do país, ou 2) uma forma ideológica disfarçada que permite a determinados agentes políticos manter intocáveis os privilégios diretos e indiretos que a autoridade, em seus três níveis (federal, estadual e municipal), gera para determinadas classes sociais no Brasil, em detrimento de dezenas de milhões de excluídos.

Conforme sugere a maioria dos ensaios aqui publicados, não há a menor dúvida de que devemos confrontar a inadiável garantia de modernização e melhoria da eficiência do Estado brasileiro. O país só resolverá alguns dos seus dilemas mais profundos promovendo uma diminuição das despesas e uma revolução na qualidade dos gastos, de modo, por exemplo, a priorizar a geração de bens públicos que permitam a igualdade de oportunidades – educação básica, saúde, segurança e acesso igualitário à Justiça – e, assim, exigir menos da sociedade por meio de juros altos, burocracia e impostos.

Nesse sentido, fica claro que não se trata de escolher entre Estado e mercado. Há uma falsa dicotomia no debate político e econômico em torno dos respectivos papéis. Esse equívoco decorre, por um lado, de um certo tipo de visão segundo a qual as razões do atraso e das desigualdades sociais reinantes no país deveriam ser buscadas na herança patrimonial que viria de nossas raízes históricas. A chamada Era Vargas faria parte desse fardo negativo, e uma retórica comum passou a reforçar o viés anti-Estado.

Por outro lado, a falsa dicotomia foi estimulada por uma retórica simplificadora vigente nos últimos 15 anos, que ajudou a sedimentar a equivocada premissa do desenvolvimento induzido somente pelo mercado. Reformadores, em geral, pregaram uma variedade de mudanças voltadas à redução plena do âmbito da intervenção estatal e à ampliação radical das interações de mercado na sociedade. A adoção de uma antítese deslocada entre Estado e mercado, segundo tais reformadores, levaria a uma mudança no eixo do desenvolvimento por via da retração estatal – cabendo apenas ao mercado a tarefa de angariar as energias para o desenvolvimento econômico. Nesse sentido, o mercado pareceu – e ainda parece – a única instância reguladora para a garantia da racionalidade econômica e de desenvolvimento.

Eis um mito tão falso quanto a nostalgia dos aproveitadores dos benefícios e privilégios concedidos pelo setor público. As assimetrias de resultados – constatadas tanto nos modelos de Estado grande e forte quanto nos tempos de primazia absoluta do mercado – mostram que é preciso superar a dicotomia entre Estado e mercado.

Mercados mais ou menos eficientes não são suficientes para resolver todos os dilemas econômicos e sociais do país, bem como o Estado, por si só, não é capaz de escapar da excessiva rigidez, da apoderação da autoridade por interesses particulares (o *rent seeking*), da corrupção e da burocracia excessiva. Cada uma dessas instâncias tem o seu papel e é preciso mudar o debate da dicotomia para um plano qualitativo mais sofisticado. O que o Estado deve fazer? O que o mercado pode fazer? Quais são as prioridades que o poder público precisa ter? Como a autoridade reguladora pode favorecer o desenvolvimento do mercado de modo que a riqueza seja gerada e, ao mesmo tempo, repartida? De fato, assim, ainda nos vemos refletindo sobre a forma da vida em comunidade. Uma questão típica e original da formação (constante) dos Estados nacionais, da construção da autoridade (hobbesiana) e da própria Era Moderna. Na chamada "Era Pós-Moderna", é preciso repensar a modernidade no Brasil.

No plano estritamente político, a crise que abateu o Partido dos Trabalhadores (PT) e turvou o caminho do governo Lula confirmou a urgência de mudanças no sistema partidário, bem como no padrão de relacionamento entre os poderes Executivo e Legislativo. Nesse terreno, infelizmente, tem proliferado um vasto conjunto de diagnósticos e soluções, sem que governo e Congresso, oposição e situação, cheguem a consensos mínimos capazes de reduzir o sistema de cooptação em curso. A crise deixou no seu rastro o sistema de representação política em ruínas e terminou escondendo uma faceta perversa do presidencialismo brasileiro: o excesso de poderes sobre o Executivo. Sem meios de participar ativamente das políticas públicas, parlamentares aderem ao danoso sistema de cooptação pela troca de benefícios.

Os governos, por outro lado, buscam formar alianças domesticáveis e subalternas, sem compromissos programáticos. As soluções são habituais. É preciso criar mecanismos que fortaleçam os partidos, diminuam a quantidade de legendas e reduzam os custos de ser oposição.

Na mesma linha, os sete ensaios deste livro buscam oferecer diagnósticos sérios e respostas consistentes para os dilemas que afligem o país. Todos, unanimemente, com mais ou menos ceticismo, acreditam no Brasil. Do contrário, convém sublinhar, não se dedicariam a estudá-lo e analisá-lo.

Para isso é preciso, no entanto, conjugar esperança com ação. Como revela o brilhante ensaio da jornalista Miriam Leitão. Na virtuosa combinação de sensibilidade jornalística e conhecimento de alguns dos principais problemas econômicos e sociais do país – característica que baliza suas colunas diárias no jornal *O Globo* –, Miriam descreve em seu artigo paradoxos e polaridades do Brasil.

A jornalista se questiona diante dos exemplos descritos: "Que país é este? País em que policiais aterrorizam turistas, em que bandidos desafiam a polícia jogando cadáveres na porta da delegacia, ou invadindo áreas da cidade em pleno dia, em que políticos corruptos são absolvidos e políticos escravistas são confortados por seus colegas?"

Miriam parte da premissa de que o Brasil tem jeito, sim, "mas há muito trabalho a fazer" para evitar o fracasso. Nossa condição de país do futuro, alerta, só se manterá à custa da identificação dos nossos erros:

> O Brasil cresce de forma medíocre há 20 anos; as favelas, que [Stefan] Zweig previu que fossem desaparecer, se espalham pelas cidades, incontroláveis; o governo toma da população uma riqueza do tamanho do Brasil a cada dois anos e nove meses e o desperdiça não se sabe exatamente em quê; os analfabetos brasileiros formam um país do tamanho de um Portugal e um Uruguai somados; as estatísticas de violência de determinadas cidades são, sem tirar nem pôr, as de um país em guerra.

Mesmo diante da perturbadora constatação, a jornalista reconhece que avançamos. Mas a tais avanços se somaram problemas perturbadores, uma conjugação cristalizada, sobretudo, na Constituição de 1988. Ela afirma:

> Para uma parcela da oposição que chegava então ao poder, o suficiente era acertar contas com o passado. O que fora negado, que fosse liberado; o que fora sonhado, que fosse concedido por édito constitucional.E tudo estaria assim resolvido,bastando escrever na Constituição. Criou-se então um vício perigoso ... Para atender às demandas, o Estado ficou mais pesado e tirou mais do cidadão, que continua convencido de que nada deve ao Estado e tudo pode pedir.

Miriam inicia um debate que pontuará outros artigos, segundo o qual redimensionar o Estado é tarefa fundamental para um futuro mais vistoso. A reorganização das contas públicas integra a galeria de desafios – passos já iniciados pelos últimos governos. Uma ação incompleta, afirma. Os gastos com a Previdência assustam. Tanto quanto a aposentadoria precoce vigente no país. "Os números mostram que a Previdência brasileira custa 12% do PIB ao ano e o Brasil tem 8,5% de brasileiros acima de 60 anos. Os Estados Unidos têm 16% com mais de 60 anos e gasta 6% do PIB, e Japão tem 23% e gasta 8%." Miriam questiona: "O Brasil é um país de jovens cuja previdência quebrou. O que será do Brasil do futuro?"

Para ela, o Brasil tem jeito, mas o futuro terá de ser diferente do passado. Seguir trilhas diversas implicará, por exemplo, uma conduta diferente na educação: "Recuperamos nos anos recentes parte do nosso inaceitável atraso histórico, mas temos de trabalhar obsessivamente na melhoria da educação brasileira." É a educação, garante, a força propulsora de uma esperança renovada e renovadora, capaz de dar um jeito no Brasil.

"Países têm jeito; já é uma esperança", afirma, por exemplo, no artigo seguinte, o cientista político Wanderley Guilherme dos Santos. O professor integra a restrita galeria de intelectuais capazes de questionar, com rigor acadêmico e coragem, os sensos comuns que se espalham implacavelmente sobre o debate público brasileiro.

Convicto de que todas as nações possuem "ilusões pátrias", responsáveis pela maior ou menor velocidade com que problemas e dificuldades são identificados e corrigidos, o cientista político aponta duas grandes ilusões brasileiras que turvam as análises sobre o país: o senso comum de que, passados 500 anos desde o descobrimento, o Brasil continua o mesmo; e a suposta capacidade da elite brasileira de se reproduzir, mantendo sob controle os destinos nacionais.

De acordo com o artigo, a tese da imutabilidade das chagas nacionais é contraposta, por exemplo, pelas transformações econômicas que livraram o país do regime escravista ou pelos fatos da Primeira República, quando as bases de sustentação do poder nacional se transferiram dos municípios para as unidades federadas dos estados. Wanderley identifica mudanças de natureza financeira, política e jurídica que refutam a idéia de inanição do país. A fragmentação do processo decisório, escreve, não só modificou como ampliou o padrão de demandas.

O ritmo das mudanças (conservador, quase inercial, mas "sem padecer de intermitentes soluços de aceleração") entre o Império e a República encontrou uma ruptura na Revolução de 1930, sublinha. O Brasil constataria, a partir daí, a notável construção de um aparelho de Estado "adequado a projetos de modernização e diversificação produtiva e a cooptação do operário urbano para os quadros da política institucional corporativa". A integração nacional deu ali os seus primeiros passos, numa trajetória seguida durante todo o restante do século passado. Há efeitos positivos e negativos, conforme os indicadores analisados. Simultaneamente ao extraordinário crescimento médio brasileiro durante o século XX, o país atravessou uma marcha capitalista que gerou, por exemplo, "a deterioração urbanística, ... um exército de trabalhadores informais e ... a má distribuição de renda".

A segunda ilusão discutida por Wanderley – a capacidade de nossas elites de se reproduzirem e manterem sob seu completo controle os destinos nacionais – é identificada como um dos juízos estabelecidos. Ele reconhece a estabilidade da estratificação social brasileira, mas questiona a tese de que "a mesma elite tem se assenhoreado do pulso do poder, impedindo transformações relevantes". O autor sublinha a existência de concorrência entre as diferentes elites. Lembra que "as elites cafeeiras que assumiram o poder no início da República não compartilhavam dos interesses dos plantadores de algodão maranhense ou dos senhores dos canaviais nordestinos. A facção da elite que liderou a Revolução de 1930, muito embora comprometida com os seus próprios interesses gerais, em sentido amplo, estava pouco empenhada em corresponder estritamente às expectativas de alguma das subelites em particular".

Como os outros autores que aqui escrevem, Wanderley Guilherme dos Santos acredita nas grandes dificuldades postas à mesa de decisões. O Brasil, afirma, reclama por constitucionalidade. Um desafio cujo enfrentamento deverá ser plurianual, para o qual estão convocados os adeptos das teses conformistas.

Com uma análise igualmente precisa e brilhante, o professor Gustavo Franco discute o futuro do Brasil sob a perspectiva do que chama "a tensão entre o horizontalismo e o privilégio na regulação da moeda". Com a experiência de quem participou ativamente de decisões da economia, quando esteve à frente do Banco Central do Brasil, Gustavo Franco ressalta que "somos uma sociedade fundada essencialmente sobre o privilégio, e esta forma de organização social já não pertencia ao século XX". Sua continuidade em pleno século XXI, escreve, "é o passaporte para a estagnação".

O economista descreve historicamente a formação e a perpetuação dessa sociedade do privilégio, em que o Estado é o personagem principal: "Quanto maior a regulação, ou a intervenção do Estado na economia, maiores as 'rendas de privilégio'." Como Miriam Leitão, o ex-presidente do Banco Central sublinha os efeitos da Constituição de 1988, garantindo que a Carta radicalizou a cultura do privilégio, rebaixando nossas possibilidades de crescimento e nos levando a uma espécie de impasse. "Por que apenas alguns e não todos são merecedores das benesses do Estado?", questiona.

A segunda "patologia" brasileira – no fundo, um estudo de caso dessa cultura do privilégio – diz respeito à regulação da moeda.

> É curioso ... um aparente "sucesso" representado pela extraordinária riqueza da produção legislativa e jurisprudencial brasileira sobre correção monetária. Era como se a inflação fosse um fato inevitável da vida, e a proteção do cidadão não coubesse a uma instituição que impedisse e combatesse a inflação diretamente, mas ao Estado que, seletivamente, e seguindo a lógica própria da criação de privilégios, protegesse determinado tipo de agentes e transações dos danos causados pela inflação.

Em outras palavras, escreve o professor, a correção monetária concedia "seletivamente" o privilégio da moeda estável.

A superação do problema inflacionário, a partir do Plano Real, é um exemplo, segundo Gustavo Franco, de como o Brasil tomou o caminho certo na encruzilhada nacional – "mas ainda há muito a navegar. As forças do atraso não estão rendidas". Para ele, o século XXI começou com um empate técnico: o horizontalismo saiu-se vitorioso em impedir os abusos da moeda, mas o atraso ainda problematiza a retirada do Estado do processo de investimento e da regulação. As "reformas" são, portanto, essenciais para reduzir os rastros de privilégio que ainda persistem.

Das trilhas sugeridas por Gustavo Franco, algumas são especialmente relevantes: a economia de mercado, a impessoalidade e o horizontalismo. Foi em nome desses conceitos, segundo ele, que agiram as políticas de estabilização, abertura, desregulamentação e privatização, das quais o autor fez parte. No lugar do privilégio, a meritocracia. Frente à interveniência de um Estado cheio de vícios, a economia de mercado. Com tais conceitos e práticas, acredita o professor, será possível encontrar a estrada que nos conduzirá a um futuro de progresso.

Enquanto o economista da PUC-Rio sublinha os feitos do Plano Real, Luiz Gonzaga Belluzzo, da Unicamp, busca desmistificar as políticas orientadas para o mercado. Instigado pela pergunta proposta, Belluzzo optou por uma espécie de texto-manifesto no qual condena as escolhas políticas na condução da economia brasileira das duas últimas décadas e ataca ferozmente os caminhos seguidos pelo capitalismo contemporâneo – em particular, desde o início da integração internacional liderada pelos Estados Unidos de Ronald Reagan e pela Inglaterra de Margareth Tatcher.

"A 'visão econômica' que viria conquistar os corações e as mentes", lembra Belluzzo, "estava comprometida com uma idéia fundamental: é preciso liberar as forças criativas da iniciativa privada e permitir a fluência mercantil, na medida do possível desimpedida das restrições impostas pela intervenção estatal." O autor reconhece a inevitabilidade da internacionalização da economia no capitalismo, mas pondera que isso "não significa que haja uma única maneira de lidarmos com os processos que a constituem".

Os resultados do que considera equívocos da globalização financeira em curso são perversos, em particular, na intensificação do ritmo de trabalho. Mais: houve um aumento substantivo do poder das grandes corporações, resultado das novas formas financeiras. "As fusões e aquisições suscitaram um maior controle dos mercados e promoveram campanhas contra os direitos sociais e econômicos, considerados um obstáculo à operação das leis da concorrência."

Belluzzo volta-se, assim, à oposição do que pensam, por exemplo, Gustavo Franco e Miriam Leitão. O economista critica "as chamas da purificação mercadista", ou seja, o "apelo à liberalização geral e irrestrita" que pôs em xeque, no Brasil, o desenvolvimento fomentado pela intervenção do Estado. Enxerga um "cosmopolitismo conservador", em vigor desde o fim dos anos 1980 e início da década de 1990. O ataque continua aos planejadores e executores do Real. Escreve: "O que era um sonho de muitos brasileiros ricos e bonitos, os capitais irrequietos e brincalhões estavam prestes a se transformar numa tentadora realidade. Maravilha da maravilhas. A mão invisível finalmente em ação nos trópicos."

Há uma urgência a atender, afirma Luiz Gonzaga Belluzo, se o Brasil quiser obter dividendos econômicos e sociais mais substantivos no futuro: rever esse curso da história da liberalização financeira e do que chama de mitificação do mercado. "Hoje os povos do primeiro mundo – europeus e norte-americanos – lutam para evitar que o futuro da criança, a saúde dos doentes e o sossego dos velhos sejam entregues às turbulências e incertezas do mercado." Adepto das teses de Celso Furtado, o professor sublinha a necessidade de um projeto nacional de desenvolvimento, de feições próprias, sem modelos importados do primeiro mundo, capazes de eliminar o que considera "caráter parasitário e anti-republicano" das "classes endinheiradas". Para ele, o modelo atual produz tão-só "uma modernização restrita da economia, com seu séqüito de destruição de empregos e exclusão social".

O ciclo de artigos segue com o jornalista Merval Pereira, um dos mais experientes analistas políticos que militam na imprensa brasileira. Em seu ensaio, Merval oferece um robusto conjunto de diagnósticos capazes de revelar o tamanho do desafio que temos para o futuro – breve ou não. "Houve tempo em que eu não apenas acreditava que o Brasil tem jeito, como tinha certeza de que viveria para ver o país atingir um grau de desenvolvimento europeu", lembra, de início. "Hoje, continuo otimista, mas não tanto a ponto de acreditar que estarei vivo para ver essa transformação."

A convicção quanto às possibilidades dessa mudança resulta dos estudos prospectivos sobre os quais Merval Pereira se debruça com dedicação. Ele sabe que ciclos de 20 ou 25 anos são capazes de mudar um país. Os números destrinchados pelo jornalista, contudo, revelam que o Brasil desperdiçou tempo, dinheiro, paciência e saúde de seu povo. Escreve: "Se a renda *per capita* brasileira tivesse crescido até hoje à mesma taxa do período de 1900 a 1980, estaríamos com 35% da renda dos norte-americanos, próximos do Chile e melhores que o México."

O que nos falta?

> Precisamos correr mais do que nossos competidores na selva da economia internacional e, em que pese o sucesso das exportações, não estamos conseguindo, travados por altas taxas de juros, pela maior carga tributária do mundo e por um Estado que gasta muito e mal ... Precisamos ter um projeto de desenvolvimento de longo prazo.

Adepto dos pressupostos semelhantes aos de Miriam Leitão e Gustavo Franco, Merval Pereira acredita que, desde a Constituição de 1988, "o Brasil vive o dilema de tentar saldar sua 'dívida social' com políticas compensatórias, sem que seus políticos se convençam ... de que o país precisa de uma agenda mais focada no desenvolvimento de longo prazo, na certeza de que os governos podem melhorar a vida das pessoas se melhorarem a qualidade dos gastos públicos".

Um bom avanço foi dado: a recuperação da capacidade de planejamento de longo prazo, promovida pelo Plano Real. Falta muito, porém, assegura Merval. Uma melhor definição do sistema regulatório, por exemplo, ainda é deficiência a suprir. A incerteza jurídica oferecida a investidores tem-se tornado uma das barreiras para o desenvolvimento sustentado, escreve o jornalista, fundamentado em estudo dos economistas Edmar Bacha, André Lara Resende e Pérsio Arida, três dos pais do Plano Real.

O peso do Estado, acredita, é outro fator que impede o nosso crescimento econômico. Os resultados são preocupantes. A economia brasileira tem crescido abaixo da média da América Latina. Embora reconheça não se tratar de um fenômeno típico do governo do presidente Lula, Merval Pereira afirma que o apetite voraz do Estado adquiriu musculatura demasiada na gestão petista. "O Estado brasileiro cresce anualmente a ritmo de cerca de 10% nos últimos dez anos, e de maneira mais perversa ainda no governo Lula, que aparelhou a máquina estatal com contratações políticas e dividiu o governo entre os petistas e seus aliados políticos."

Destrinchados os números, identificadas as tendências, diagnosticada boa parte dos nossos problemas, apontadas algumas soluções relevantes para aqueles que acreditam no país, o livro chega ao fim com uma análise eleitoral do cientista político Fabiano Santos. Com o debate da campanha presidencial de 2006 em curso, o professor busca identificar as nuances da disputa e seus impactos para a condução do governo e o comportamento dos partidos a partir de 2007.

No ensaio, Fabiano chama a atenção do que classifica como "três teses equivocadas sobre a política eleitoral" brasileira: a tese da suposta semelhança entre PT e PSDB, os principais concorrentes nas últimas campanhas; a tese da viabilidade de uma terceira via para eleição presidencial; e a tese da importância do tema "corrupção" no quadro eleitoral.

Da primeira tese, escreve, "a semelhança entre os principais contendores à Presidência do Brasil, como de resto, no mundo das chamadas 'democracias maduras', não decorre de uma essência comum aos dois partidos, PT e PSDB, muito menos da vontade, interesse e idéias dos líderes de tais agremiações. Decorre da natureza da competição que exige a montagem de coalizões complexas e multifacetadas".

A segunda tese, sobre a suposta existência de uma terceira via, é refutada por Fabiano porque, segundo ele, uma candidatura do gênero "terá, para se viabilizar enquanto governo, de seguir as mesmas estratégias e parcerias seguidas pelos governos passados, provocando no eleitorado uma sensação ainda maior de frustração e decepção *vis-à-vis* às instituições partidárias e democráticas de uma maneira geral". Em outras palavras, falta viabilidade política para se imaginar que uma terceira via será bem-sucedida se decidir implementar políticas radicalmente distintas das praticadas pelos governos recentes.

Fabiano Santos também questiona a excessiva importância dada ao tema "corrupção" durante as eleições presidenciais. "A tese da corrupção erra ao conferir peso desmesurado a um *issue* plebiscitário a partir do qual não se vislumbra uma agenda consistente de enfrentamento dos principais problemas brasileiros", escreve.

Para o autor, as eleições de 2006 serão decisivas para saber se o país deseja um retorno às políticas orientadas para o mercado e de redução do setor público ou se manterá a aposta numa lenta e gradual volta do Estado como ator central do processo de desenvolvimento. Dessa resposta sairão os passos iniciais rumo a uma nova fase da vida brasileira – ciclotímica, repleta de pedregulhos mas nem por isso imersa num túnel sem saída.

A tentativa desta obra foi a de prestar um serviço ao eleitor brasileiro. A intenção foi a de construir um arcabouço plural e informativo às vésperas das eleições presidenciais de 2006 no país. As análises e informações aqui expostas – com suas convergências e divergências – certamente oferecem conteúdo abrangente ao eleitor que, no fim das contas, será o fator decisivo para o futuro do Brasil. São os brasileiros afinal que podem, por meio do voto e da cobrança sobre os seus representantes, definir as políticas conduzidas pelas classes dirigentes.

No fundo, a idéia aqui é a de contribuir um pouco que seja para que a nação brasileira possa, finalmente, usufruir de uma qualidade de vida mais digna e seguir em frente com os seus projetos pessoais e familiares, sem abrir mão do bem-estar social, do meio ambiente protegido, da estabilidade política e econômica, sem a preocupação diária da violência, com acesso generalizado à educação, à saúde e à Justiça, e convictos de que tal situação não é impossível de ser concretizada. Nesse sentido, como não poderia deixar de ser, os organizadores deste volume reiteram a crença de que este país tem jeito.

Boa leitura e bons votos.

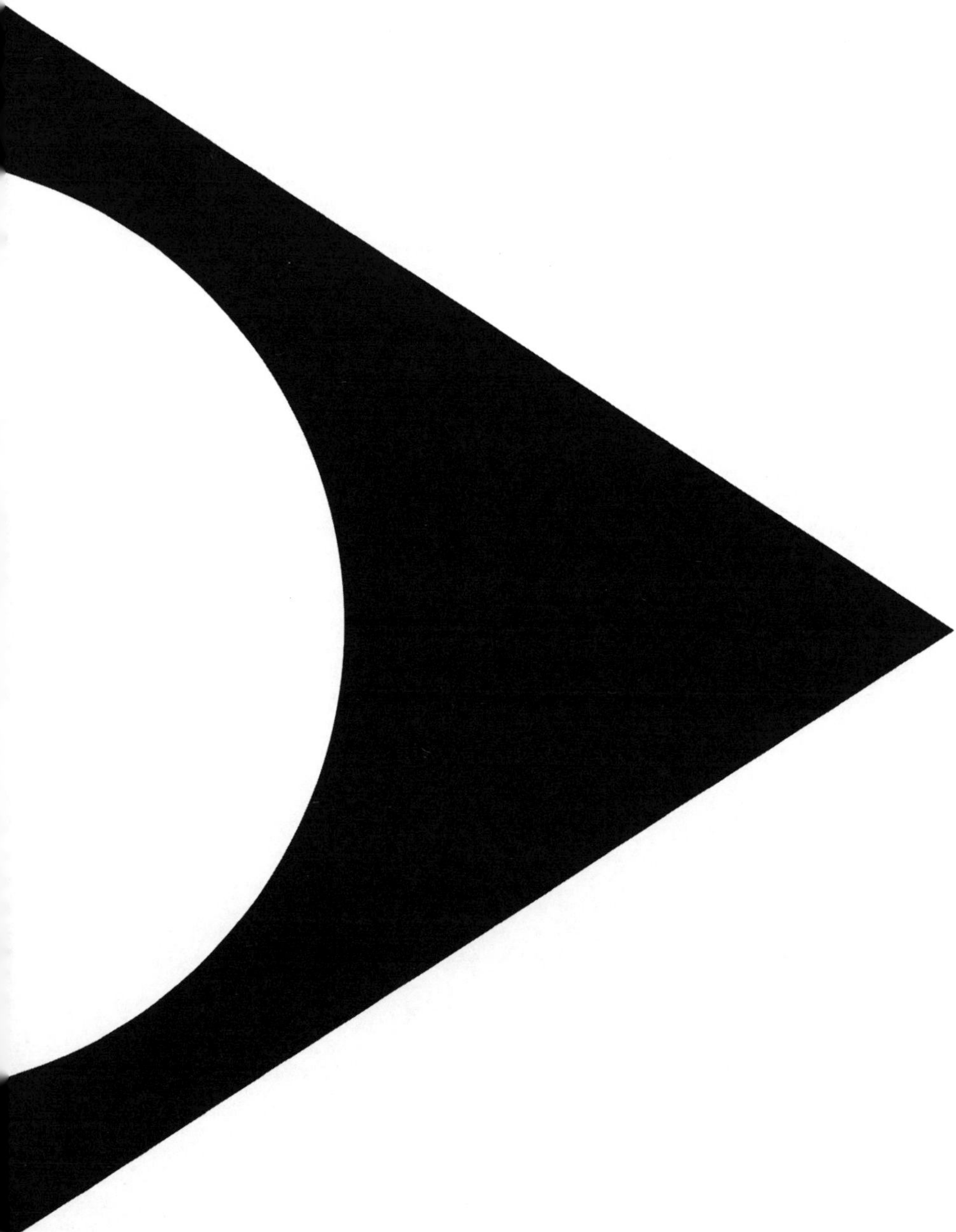

Miriam Leitão

Avanços e perigos

Eram dois os corpos estendidos no chão na fotografia do jornal. Sem camisa, eles estavam vestidos adequadamente para o calor do dia e para o local: a entrada do setor nove do sambódromo. Ao todo, eram quatro os mortos que haviam sido deixados, dentro de um carro roubado, a cem metros do Batalhão de Choque da PM e da Academia da Polícia Civil. A notícia era tão banal que não ganhou a primeira página daquele sábado, 11 de fevereiro de 2006. Mais inesperada e, portanto, merecedora de destaque era a notícia de que a Polícia Civil estava no Aeroporto Internacional do Galeão carregando cartazes em discutíveis inglês, francês e espanhol. Os policiais, maus poliglotas, avisavam aos turistas que corriam perigo ao desembarcarem no Rio. "Ask for help", aconselhavam. A quem? Era o caso de perguntar.

As manchetes dos jornais daquele sábado estavam na direção oposta. Como resumiu *O Estado de São Paulo*: "O risco-Brasil despenca e chega a nível histórico." *O Globo*, no caderno de Economia, falava em "Euforia verde e amarela".

Que país é este? É tão perigoso que leva os policiais a alertarem os estrangeiros que eles estão correndo riscos por nos visitar ou tão seguro que leva o risco, medido pelos parâmetros e lógica do mercado financeiro, ao nível mais baixo da história?

As duas semanas seguintes mostrariam outras polaridades. Um bando uniformizado e armado cruzou a cidade em quatro vans e invadiu a Rocinha às seis da tarde atirando em transformadores e pessoas. O pânico tomou conta inclusive dos bairros de classe média-alta. No mercado financeiro mais alegria e queda do risco: o Brasil pagou, 18 anos antes do vencimento, papéis da velha dívida externa renegociada nos anos 1980.

O país tem sido desconcertante para quem acompanha seu dia-a-dia. Na semana anterior àquele 11 de fevereiro, em comovente exemplo de decoro parlamentar, o Conselho de Ética absolveu um deputado que sacara milhões do mais inequívoco esquema de corrupção já visto no país, o chamado "mensalão"; e outro deputado se defendeu da acusação de submeter brasileiros a trabalho escravo com o argumento de que era apenas "trabalho degradante". Condenado em segunda instância, foi agradado por um coro tocante de colegas parlamentares solidários pela injustiça da condenação.

Que país é este? País em que policiais aterrorizam turistas; em que bandidos desafiam a polícia jogando cadáveres na porta da delegacia, ou invadindo áreas da cidade em pleno dia; em que políticos corruptos são absolvidos e políticos escravistas são confortados por seus colegas?

As impressões deixadas pelo noticiário informam que a melhor resposta para a pergunta do livro é: não, o Brasil não tem jeito. Emigremos, os que podem emigrar; adotemos o cinismo, os que precisam permanecer. Vamos esquecer o país e cuidar da vida.

Fatos noticiados são fotografias. Se o fotógrafo não foi além das circunstâncias, se não captou a alma ou o verdadeiro acontecimento, teremos uma visão parcial do nosso tempo. O que temos aqui são instantâneos de um tempo doido, e eles avisam que várias doenças atingiram o país. Não podem ser ignorados, nem tomados como a história toda do país e seu destino final. Há um Brasil para além da notícia e, quando ele aparece, é revelador. Quase libertador.

O Brasil tem jeito? Tem, mas há muito trabalho a fazer. Países fracassam. Temos de evitar esse caminho. Não é trivial o risco que temos pela frente. As medições feitas pelo mercado financeiro são tão frívolas quanto passageiras. Uma notícia da China; a descoberta de uma fraude contábil numa grande empresa; a constatação de que o brilho das pontocom é bolha; o medo da trajetória dos déficits norte-americanos ou a mudança da composição da dívida pública japonesa podem inverter a direção da manada de investidores e o risco-Brasil, então, subirá, sem que tenhamos feito qualquer movimento, nem para o bem, nem para o mal. O mundo da globalização financeira cria esses termômetros superficiais e oportunistas, que nada informam. A medida de risco que chegou às manchetes dos jornais naquele sábado é insuficiente até para representar o risco financeiro. Se o fosse, os juros no Brasil não seriam tão altos há tanto tempo.

Devemos alargar a vista se queremos entender dos riscos, chances e tarefas que temos pela frente para construirmos juntos a resposta adequada para a instigante pergunta feita por este livro.

"Imaginava que o Brasil fosse uma república qualquer das da América do Sul, que não distinguimos bem umas das outras, com clima quente, insalubre, com condições políticas de intranqüilidade e finanças arruinadas, mal administrada e só parcialmente civilizada nas cidades marítimas, mas com belas paisagens...", diz Stefan Zweig na introdução do livro que ficou no imaginário brasileiro como promessa de destino e que, no prefácio, foi descrito por Afrânio Peixoto como um "livro de amor presente e esperança futura". Stefan Zweig tinha uma descuidada impressão negativa antes de chegar, quando ainda preparava sua viagem a Buenos Aires e pensava em esticar a jornada para outro país e, assim, melhor conhecer a exótica América abaixo do Equador. Mudou de idéia radicalmente, como se sabe, e deixou, no título da sua obra, o vaticínio que temos perseguido ou carregado: *Brasil, país do futuro.* O livro tem 65 anos. O futuro é hoje, mas, para nosso entendimento, ele ainda não chegou.

Na crise cambial de 1999, o *The New York Times* divertiu-se numa manchete fazendo blague com a previsão de Stefan Zweig. "O Brasil é o país do futuro. E sempre será." Por que tarda tanto a chegada do futuro imaginado de afluência econômica, equilíbrio social e poder discreto no cenário internacional? Onde temos errado?

O Brasil cresce de forma medíocre há 20 anos; as favelas, que Zweig previu que fossem desaparecer, se espalham pelas cidades, incontroláveis; o governo toma da população uma riqueza do tamanho do Brasil a cada dois anos e nove meses e o desperdiça não se sabe exatamente em quê; os analfabetos brasileiros formam um país do tamanho de um Portugal e um Uruguai somados; as estatísticas de violência de determinadas cidades são, sem tirar nem pôr, as de um país em guerra.

A pergunta que atravessa diariamente minha mesa de jornalista é: onde temos errado? Não sei a resposta. Suspeito respostas parciais e incompletas. Conversemos, caro leitor. Vamos nos ajudar mutuamente a procurar a saída. Vamos apalpando os dados e argumentos. Estamos todos perdidos num mesmo ponto obscuro e desconcertante. Dados publicados todos os dias nos confirmam a impressão de ser tarde demais; convicções profundas nos levam a persistir na procura do futuro prometido. Olhemos o passado recente, por simples desejo de conferência. Vamos verificando os feitos realizados. Avançamos. Avançamos muito.

Há 20 anos o Brasil era um país primitivo, com instituições econômicas toscas e isolado do mundo. Em 1985, estava saindo de uma longa ditadura que fraudara a vocação de inúmeros jovens, criara um enorme emaranhado fiscal e alimentara um devastador processo inflacionário. Para uma parcela da oposição que chegava então ao poder, o suficiente era acertar contas com o passado. O que fora negado, que fosse liberado; o que fora sonhado, que fosse concedido por édito constitucional. E tudo estaria assim resolvido, bastando escrever na Constituição. Criou-se então um vício perigoso. O cidadão tem todos os direitos, nenhum dever. O Estado tem todos os deveres, mas nada pode pedir aos seus cidadãos. Para atender às demandas, o Estado ficou ainda mais pesado e tirou mais do cidadão, que continua convencido de que nada deve ao Estado e tudo pode pedir. A atitude aumentou o peso do Estado no ombro do cidadão. O erro oposto.

Naquele alvorecer da democracia, começamos a lenta solução de um velho problema, mas criando, ao mesmo tempo, novos problemas. Sem o saber, eternizávamos os dilemas para os quais buscávamos solução.

O Brasil tinha, ao fim da ditadura, três orçamentos. Só um deles passava pelo Congresso. Os outros dois – o das estatais e o monetário – eram obscuros e impenetráveis. Eram gastos ilimitados. Se os impostos acabassem, sempre haveria emissão de moeda para cobrir essas despesas.

Foi quando o Brasil começou duas tarefas ao mesmo tempo. De um lado, tentava organizar as contas iniciando uma difícil e trabalhosa construção de instituições fiscais. De outro, encomendava gastos cada vez maiores ao mesmo cofre. Criou a Secretaria do Tesouro e unificou os orçamentos. Posto assim, parece simples. Mas houve uma tensa luta entre grupos de interesse dentro do governo. Ao mesmo tempo, ampliou o custo da Previdência.

Para começar a organizar as contas públicas, era necessário cortar o cordão umbilical entre Banco do Brasil e Banco Central. Um nascera do outro. Mais precisamente: o Banco Central era uma carteira do Banco do Brasil no começo dos anos 1960. Só que pai e filho tinham natureza diversa e conflitante. O Banco do Brasil era um banco comercial: emprestava, cobrava, financiava. O Banco Central era uma autoridade monetária: emitia moeda, regulava o volume de dinheiro em circulação, defendia o valor da moeda. Um nasceu do outro em ordem inversa. O regulador ficou submisso ao controle do regulado. O Banco do Brasil, criador, aprisionava o Banco Central, a criatura nascida para controlar todo o setor bancário, no qual supostamente o Banco do Brasil era apenas um dos agentes.

Durante anos, pelo cordão umbilical entre eles passou dinheiro, desordem fiscal e concentração de renda. O Banco do Brasil mantinha com o Banco Central uma relação promíscua de nome "conta movimento". Não importava que erros cometesse como instituição bancária, não importava quão maus pagadores fossem os devedores do Banco do Brasil, não importava quão ricos eram os inadimplentes proprietários rurais. No fim do ano, as contas do Banco do Brasil fechavam com o auxílio do duto que o ligava à autoridade monetária.

Eu trabalhava numa coluna cujo titular estava num período de férias em Paris. Demorei uma semana para convencer o interino da coluna de que o furo que eu tinha – que o governo do presidente Sarney, na gestão de Dílson Funaro no Ministério da Fazenda, decidira encerrar a conta movimento – era realmente bom. O colunista interino achava que aquela nota era meio obscura e não vencia a competição com a notícia de uma festa na cobertura de uma socialite. A nota dormiu uma semana na gaveta, até virar manchete do jornal concorrente no dia seguinte.

– Esta sua conta movimento era mesmo importante – disse-me o jornalista ao ver a informação elevada à primeira página.

De fato era importante. Não era o único canal de promiscuidade entre dinheiro público e interesses privados, mas o mais explícito. Para contar o ordenamento fiscal brasileiro, é preciso sempre retomar aquele momento do fim da conta movimento. Sem esse passo, outros não teriam sido dados. Mas para ser aprovado, teve de vencer resistências tremendas dentro da burocracia. Cada passo que hoje parece natural foi o resultado de uma luta intensa dentro da máquina pública, representando interesses diversos. Às vezes era o fim de anos de conspiração de um grupo contra outro, em que a vitória nasceu mais do senso de oportunidade do vencedor do que de sua supremacia.

Novas lutas foram travadas para levar o país dos três orçamentos e dos 50 bancos estaduais emissores de moeda (alguns estados tinham mais de um; Minas tinha quatro: Banco do Estado de Minas Gerais, BDMG, Credireal e Minas Caixa) ao país da Lei de Responsabilidade Fiscal. As lutas foram travadas na máquina pública e no interior dos partidos. O mesmo PT que entrou no Supremo Tribunal Federal questionando a constitucionalidade da Lei de Responsabilidade Fiscal a defendeu, anos depois, do ataque das facções partidárias que queriam sua revogação.

Ao mesmo tempo em que o país organizava as contas, ampliava o gasto da Previdência. O Brasil já fez três reformas da Previdência e terá de fazer outras. Inescapável. A minha geração já se aposentou. Meus colegas de classe na escola, amigos mais recentes, pessoas que estão por aí cheias de vida e em plena atividade já estão tirando sua casquinha da Previdência. Eu me sinto no auge da minha capacidade e vejo contemporâneos recebendo uma mesada do Estado. Quanto mais ilustrados e privilegiados são, mais cedo dependuram sua conta na Previdência. Ela se arruinou não pelos milhões de brasileiros que ganham pensões de um salário mínimo. Em geral, os que ganham menos se aposentam mais tarde, por idade. Quem se aposentou cedo foi a classe média, o servidor público, o pessoal do tempo de serviço contado dobrado.

Há dez anos, eu estava num debate sobre Previdência até descobrir que a mulher ao meu lado, mal passando dos 40, havia se aposentado, comprovando supostos 30 anos de trabalho. Aritmeticamente improvável. Ainda hoje, ela está por aí. Outro dia, li um artigo em que esbravejava contra o déficit público. Está convencida de que o déficit é feito pelos "outros", não se vê como parte da causa do problema.

– Se eu morasse num país pobre como os Estados Unidos, só me aposentaria com mais de 65 anos. Como moro num país rico posso me aposentar muito antes – costuma dizer o economista Fábio Giambiagi para ilustrar o ponto da aposentadoria precoce brasileira, que tanto o preocupa.

Os números mostram que a Previdência brasileira custa 12% do PIB ao ano e o Brasil tem 8,5% de brasileiros acima de 60 anos. Os Estados Unidos têm 16% com mais de 60 anos e gasta 6% do PIB, o Japão tem 23% e gasta 8%, a Coréia do Sul tem 11% e gasta 2% do PIB, a Espanha tem 22% da população acima de 60 anos e gasta 9,7%.

O norte-americano Norman Gall, que está se naturalizando brasileiro, disse que o Brasil gasta com os idosos o dobro do que gasta com a educação dos jovens. É pior que isso, porque muito do gasto com a Previdência é com os que se fingem de velhos. Os que se aposentaram muito antes dos 60, que hoje, a bem dizer, não é uma idade que defina uma pessoa como idosa.

O problema vai piorar. Por razões demográficas, já contratadas, ficaremos cada vez mais velhos. O Brasil é um país de jovens cuja Previdência quebrou. O que será do Brasil no futuro? Não há como escapar de uma revisão dessa conta. A estabilização de longo prazo exigirá uma nova reforma.

A luta para vencer a grande inflação foi pontuando o caminho com tarefas que teriam de ser feitas: a busca permanente da ordem fiscal, o desmonte do setor bancário estatal, as privatizações e, sobretudo, a abertura comercial. O Plano Cruzado fracassou ao encontrar o país trancado à competição internacional. Indústrias, criadas à sombra do Estado, cresceram mimadas pelo Estado e protegidas de qualquer risco. Como fonte de lucro, tinham um mercado cativo. A abertura foi uma revolução que introduziu a economia brasileira em um novo paradigma. Há fatos conhecidos que nasceram dessa revolução iniciada em 1991, mas a melhor de todas as conseqüências foi olhar, pela primeira vez, a educação como o nosso maior ponto de fragilidade. Com aquela escolaridade baixa sentimos que perderíamos a competição global.

No ano de 1992, o Brasil encarou as estatísticas de crianças fora da escola. Eram 18%. No anoitecer do século XX, o Brasil se permitia manter esse grau de displicência com o seu próprio futuro. Às vésperas da era da Internet, o Brasil abandonava na ignorância quase duas em cada 10 crianças em idade escolar e gastava milhões protegendo uma indústria ineficiente que prometia reinventar a roda e o computador. No alvorecer da era do conhecimento, não se importava em continuar produzindo analfabetos enquanto subsidiava – como subsidia ainda hoje – a educação de terceiro grau da classe média e dos ricos. Na idade das comunicações, o Brasil tinha, naquele começo dos anos 1990, menos de 20% dos domicílios com telefone. O ex-presidente do Ipea Roberto Martins fez, certa vez, uma comparação poderosa: havia menos famílias com telefone naquele fim do século XX no Brasil, do que famílias mineiras com escravos no século XIX.

A abertura não foi apenas uma redução das barreiras à importação de produtos industriais. Foi o momento de olhar o mundo e se conhecer. Pela comparação. Tínhamos errado tragicamente enquanto acalentávamos o sonho do Brasil gigante. Era um erro que unia adversários ideológicos. A esquerda civil da década de 1970 discordava em praticamente tudo da direita militar, mas apoiava a idéia de construir o crescimento econômico por meio da proteção das chamadas indústrias nacionais. Não eram nacionais, pertenciam a famílias que as venderam assim que houve um bom comprador, não investiam em pesquisa, não educavam seus trabalhadores e muitas não sobreviveram quando foi reduzido o subsídio estatal. Achava-se que, com dinheiro subsidiado, isenções fiscais e o mercado interno por sesmaria, construiríamos os nossos *chaebols*, os grandes conglomerados industriais que conduziram o crescimento da Coréia do Sul. Tivemos como resultado um país de renda concentrada e que iniciou a última década do século XX mantendo milhões de crianças fora da escola.

Enquanto isso, a Coréia do Sul havia educado a sua população e se preparava para entrar no século XXI com 82% dos jovens na universidade. Temos, hoje, 18%. O resultado parece um contrasenso. O Brasil tinha escolhido como prioridade montar uma universidade pública de qualidade e a Coréia do Sul tinha elegido como prioridade o ensino fundamental. A comparação dos dois países – e dos dois caminhos – traz uma lição dolorosa para nós: nos anos 1960, a renda *per capita* da Coréia do Sul era um terço da nossa. Hoje é o dobro.

O Brasil é um equívoco de interpretação. Não é o que parece ser. Durante anos, a imprensa e a academia acreditaram haver uma dicotomia capital-trabalho entre os trabalhadores do ABC e os líderes da Fiesp. Foi assim que se construiu a figura mítica de um líder operário e se pavimentou o caminho que o levou à Presidência da República. Não havia conflito de classe naquelas negociações que unia os metalúrgicos de um lado e o chamado Grupo 14 da Fiesp. Eram sócios. Os aumentos salariais exibidos como vitória proletária pelo grupo liderado por Lula da Silva e concedidos pelos Villares, Buenos Vidigais e pelas multinacionais dos automóveis eram pagos pelo consumidor e pelo contribuinte brasileiros. Não era a luta capital-trabalho, era a coalizão inflacionária. Não foi por outro motivo que os anos seguintes viram os dois lados juntos militando contra a abertura. Não foi por outro motivo que o partido que nasceu nas assembléias da Vila Euclides foi sempre adversário dos planos de estabilização e votou contra o Plano Real.

Foi o amadurecimento, que só o exercício do poder dá, que levou o PT a defender a moeda e entender a estabilização como valor. Ele foi levado a isso não por convicções próprias, mas pelas verdades aprendidas com a opinião pública. E essa ainda é uma questão controversa no PT. Nem todo o partido entendeu o óbvio, até o presente momento.

Por se conhecer tão mal, o Brasil avançou como uma retroescavadeira: carregando o entulho do passado. Numa entrevista em 2005 à revista *Veja*, o ator norte-americano Will Smith disse uma frase que é verdade, tanto para os Estados Unidos quanto para o Brasil: "Um país projetado sobre o trabalho escravo não se reinventa de um dia para o outro, nem mesmo de um século para o outro. O racismo faz parte da fibra de que a América é tecida." O espetáculo trágico dos negros deixados para trás durante o furacão que atingiu Nova Orleans foi a fotografia do que o ator dissera em palavras. Nossas estatísticas e a monocromia da elite brasileira confirmam que carregamos o mesmo vício original.

O Brasil teve uma escravidão mais longa e mais numerosa que a dos Estados Unidos e, mesmo assim, até hoje tantos resistem à análise da questão racial e fogem da avaliação das marcas da escravidão na estrutura social do país. Se fôssemos o país que pensávamos ser, seríamos um fenômeno a ser estudado em laboratório. Dois terços da nossa história foram vividos sob a escravidão. Foi com base no trabalho escravo que se organizaram os ciclos econômicos fundadores do país. Após a Abolição, não houve uma única política pública para incluir a massa de ex-escravos no mercado do trabalho assalariado. Se com essa mistura de iniqüidade e displicência o Brasil tivesse construído uma sociedade sem desigualdade racial, sem racismo e com igualdade de oportunidades, poderíamos pedir que o mundo se curvasse diante de nós. Afinal, teríamos inventado uma fórmula nova em que vários erros conduzem a um grande acerto. Poderíamos patentear uma "teoria dos defeitos virtuosos".

O Brasil tem jeito, mas o futuro terá de ser diferente do passado. O país precisa se conhecer. O Brasil se vê como detentor perpétuo de uma natureza inesgotável, uma paisagem indestrutível. Repetimos isso enquanto destruímos a paisagem. O Rio de Janeiro é a radicalização dessa esquizofrenia de aclamar o que se destrói. Ainda é belo aos olhos dos visitantes, mesmo agora 65 anos depois da chegada de Stefan Zweig, que assim descreveu a cidade: "Fiquei fascinado e, ao mesmo tempo, comovido, pois se me deparou não só uma das mais magníficas paisagens do mundo, nesta combinação sem igual de mar e montanha, cidade e natureza tropical." Mas nós que moramos na cidade não podemos nos enganar. Conhecemos as cicatrizes, sabemos da marcha insensata que a cidade continua seguindo como se fosse prisioneira de um roteiro trágico. O Rio precisa ser salvo dos erros dos seus governantes, do descuido dos seus cidadãos. Não haverá um governante-salvador. A saída será coletiva. Ou não haverá saída.

É difícil imaginar que o país dê certo com um Rio que naufrague. Por ter sido porta de entrada do país por cinco séculos, por ter sido a Corte, o governo da República por tanto tempo, por ser aberto aos que chegam de outras regiões, por ser tão capaz de pensar o Brasil, o Rio é espelho. O resgate da cidade é parte da construção do futuro do país. Do contrário, ela será apenas inútil paisagem. Enquanto houver paisagem.

O meio ambiente trava uma luta dramática pela sobrevivência no Rio de Janeiro. Não é menor do que a luta em todo o país. Num dos seus equívocos de auto-imagem, o Brasil se vê como um país verde e diariamente acorda menos verde. A Amazônia é tão vasta que nos parecia indestrutível. Ainda hoje, não sabemos exatamente o seu tamanho. O indiano Vinod Thomas, que foi chefe do escritório do Banco Mundial aqui, no seu livro *Brasil visto por dentro*, dá uma medida prática para calcular a dimensão da Amazônia. "Todos os países da Europa, com mais de 400 milhões de habitantes, caberiam na Amazônia brasileira e ainda sobraria espaço."

Vasta, porém frágil, é o que temos de entender. Em 2005, comemoramos a destruição de "apenas" 18 mil km^2 de Floresta Amazônica. O "apenas" se justificava porque no ano anterior foram 26 mil km^2. Pela Amazônia, somos capazes de tudo, menos de defendê-la de nós mesmos. Os cidadãos se escandalizam, nacionalistas, cada vez que se fala da cobiça internacional que a maior floresta tropical do planeta desperta, mas não movem um gesto para exigir o uso de madeira certificada nos produtos que consomem. Seus produtos florestais chegam por caminhos ilegais ao mercado consumidor brasileiro. Apenas uma fração é exportada. Quem ameaça a Amazônia não são os equivocados, como o diretor da Organização Mundial do Comércio, Pascal Lamy, que recentemente falou na internacionalização da floresta. O perigo não vem de fora. O perigo mora ao lado. É filho da nossa ignorância sobre ela. O Brasil não conhece a Amazônia. Precisa conhecer se quiser merecê-la.

Não somos o que pensamos ser. Nos defeitos e nas virtudes. O Brasil não é pobre. É um país de renda média, com um grande mercado interno. Nos últimos 20 anos, o PIB cresceu pouco, mas o consumo se ampliou fortemente. A estabilização e a competição reduziram o valor dos bens e produtos. O país, em 1992, tinha 19% de domicílios com telefone e, em 2002, tinha o serviço em 62% das casas. Em 1995, os brasileiros tinham um milhão e meio de celulares, em 2005 eram 80 milhões. Em 2005, o brasileiro comprou dez milhões de aparelhos de TV, no começo da década anterior comprava dois milhões por ano. De 1994 a 2005, o consumo de fralda descartável aumentou 1.200%. O mercado de higiene e beleza explodiu nos últimos anos. De 2001 a 2005, quatro anos, o consumo da classe C aumentou 50%. O Brasil é o quarto maior mercado da Wal Mart, o segundo da Coca-Cola, o segundo da Telefônica, o terceiro da Volkswagen. Tem o dobro da renda *per capita* da China e cinco vezes mais a renda da Índia. Se o país quiser se entender terá de começar fazendo um esforço para conciliar suas estatísticas de renda com suas estatísticas de consumo. Elas não conversam há anos. Se os 10% mais ricos do país têm uma renda média de apenas 3.300 reais, como informa o IBGE em 2006, como explicar o consumo? Se os dados de consumo estão certos, temos de reconhecer que há uma gigantesca discrepância nas estatísticas de renda do país.

Parece contraditório que um país com taxa insuficiente de crescimento tenha ampliado o consumo. Mas não é. A estabilização e a abertura deram às empresas o melhor dos impulsos para avançar: o medo de perder mercado. Foram adotados inúmeros programas de aumento de qualidade e produtividade. Parte desse ganho foi repassada ao consumidor, por causa da competição. A produtividade brasileira deu um salto nos anos 1990. Parte desse aumento de qualidade está indo para o buraco. Literalmente: os buracos das estradas, as deficiências logísticas do país estão desperdiçando parte do que se conquistou, com esforço, na década passada.

O Brasil tem saudade do passado, do futuro e do futuro do passado. Suspira pensando no que já foi, no que poderia ter sido e no que será um dia quando chegar um salvador. São três erros em um. O passado não foi melhor que o presente; foi muito pior.

Quando foi ao ar a minissérie JK vivemos a temporada dos suspiros juscelinistas. Ele teve virtudes e cometeu erros. Mas aquele Brasil era tosco e excludente. Apenas 15% dos brasileiros estavam aptos a votar na eleição que consagrou o mineiro JK. Ele foi eleito com 38% dos votos dessa minoria que votava. Era uma democracia restrita e defeituosa. A escola pública dos anos 1950-60, da qual tantos se lembram com saudade, deixava fora de sua porta a maioria dos brasileiros, todos pobres. O país tinha 50% de analfabetos. A média de estudos da população era de 2,4 anos. Não é um lugar para o qual gostaríamos de voltar, portanto não se justifica o saudosismo. Tudo bem, ter um presidente de bem com a vida, que não fica culpando os outros pelos seus erros, deve ser muito bom, mas o melhor a fazer com o passado é aprender com ele, não mistificá-lo.

O futuro visto daquele passado pode não ter sido exatamente como o sonhado, mas avançamos extraordinariamente em inúmeros pontos. A mulher brasileira fez sozinha, sem o Estado e contra a Igreja, uma radical transição demográfica que faz da população brasileira hoje um ativo e não um passivo. Caiu o índice de natalidade em todas as classes sociais e em todas as regiões do país. Não teremos uma explosão demográfica, somos ainda jovens. Nosso maior corte tem entre 15 e 24 anos. Entre os anos 1970 e os dias de hoje, a mulher brasileira saiu de 15% da População Economicamente Ativa para 44%. As mulheres são uma força emergente na sociedade brasileira e em pleno processo de ampliação de seu poder. Nos anos 1980 e 1990, o Brasil foi o país que mais derrubou a taxa de mortalidade infantil no mundo e esse foi um trabalho coletivo em que governo e sociedade estiveram juntos.

Redemocratizamos o país, superando traumas como o do impeachment do primeiro presidente eleito pelo voto. Enfrentamos e vencemos a superinflação, uma tarefa que exigiu várias outras tarefas. O mercado interno se expandiu de forma vigorosa mesmo nos anos de baixo crescimento. A educação se fortalece como valor. Ainda que o presidente Lula tenha proclamado tanto que não é preciso estudar para chegar à presidência, três milhões e 700 mil adultos brasileiros, mais que um Uruguai, estão hoje de volta ao ensino fundamental, nos cursos antigamente chamados de supletivos, atrás de ascensão social. Outros 3,5 milhões estão no supletivo do ensino médio. No fundamental regular estudam 35 milhões de crianças, 5,5 milhões na área rural. Conquistamos, ainda que tarde, a universalização do primeiro grau. A valorização da educação é uma das principais razões para os primeiros sinais que apareceram, nas últimas estatísticas, de queda da desigualdade.

O feito até agora deve ser impulso para o que temos de fazer. Se foi possível avançar até aqui, será possível continuar a caminhada na construção de um país melhor. Há tarefas inadiáveis.

A dívida pública não será eliminada com o calote nos credores. Isso já foi tentado e terminou em fracasso. Ela se tornará sustentável se o Estado ficar mais leve. Ele se tornará mais leve para o cidadão, pagador dos impostos, após o trabalho de desmonte do custo excessivo. O Brasil não precisa de um Estado mínimo, precisa de um Estado eficiente. O ajuste fiscal que continuamos necessitando precisa deixar o Estado brasileiro capaz de demitir, contratar, pagar melhor, eliminar algumas de suas burocracias e criar outras. Não é apenas cortar gastos, mas escolher. O Estado precisa estar onde o povo está. Mas tem de sair de outros lugares nos quais não só não é necessário, como é um estorvo.

A dívida pública e o colapso dos serviços públicos nascem do mesmo erro na administração dos nossos impostos. A dívida é cara porque tememos que um Estado que consome 37% do PIB ao ano para prestar um mau serviço não conseguirá pagá-la indefinidamente.

A violência não é fruto da pobreza. Se fosse, o nordeste rural seria a área mais violenta do Brasil. A violência tem crescido no colapso da segurança pública, que é parte da crise geral do Estado. Não quero simplificar um assunto complexo e aflitivo. Para nosso conforto, é preciso pensar em países que tiveram sucesso na luta contra os males que nos afligem, o aumento da violência, a corrupção policial, o domínio de partes da cidade pelo tráfico de drogas. Pensemos na Chicago da década de 1920 e Nova York da de 1990. Não é preciso ir longe. Vamos estudar, como tem feito com diligência o sociólogo Gláucio Ary Dillon Soares, os bons casos de redução da violência. Até Bogotá, ensina Gláucio, está reduzindo a violência. Já é possível constatar a queda dos homicídios no estado de São Paulo. Temos de importar as boas práticas. Mas será inevitável reeducar a polícia. Ela não pode aceitar cadáveres jogados à sua porta e ir ao aeroporto aterrorizar turistas. Aquele dia, 11 de fevereiro de 2006, era o resumo do que uma polícia não pode ser em país algum do mundo. Uma sociedade que aceita isso começa a assassinar seu futuro.

Os jornalistas diariamente têm de se perguntar: qual é o lide? Palavra inventada que vem de *lead*, em inglês. O que, de tudo o que se apurou e de tudo o que aconteceu, é mais importante? Identificado o lide, o trabalho se organiza na hierarquia natural dos fatos.

A educação é o lide. Recuperamos nos anos recentes parte do nosso inaceitável atraso histórico, mas temos de trabalhar obsessivamente na melhoria da educação brasileira. Ela tem vários desafios. Se enfrentados, abrirão caminhos seguros para o futuro. A década passada foi a da "toda criança na escola". Esta primeira década do século XXI tinha que ser a de "todo adolescente na escola". A década de 1990 viu nascer as primeiras iniciativas de avaliar a qualidade do ensino, público e privado, através do Enem e do Provão. As ferramentas criadas na gestão de Paulo Renato Souza como ministro da Educação tinham de ser aperfeiçoadas e não sabotadas por razões político-partidárias.

As crianças brasileiras precisam ser todas apresentadas ao computador. O Brasil criou um fundo para informatizar as escolas. Elas permanecem prisioneiras da era do quadro negro, e o fundo, por incompetência do governo, continua no fundo de alguma gaveta. O dinheiro existe, as crianças existem, os computadores existem, mas o governo não consegue juntar as três pontas desse triângulo. A educação tem de mobilizar toda a sociedade, ser nossa preocupação obsessiva. É ela que vai incluir pobres e negros, é ela que vai aumentar nossa capacidade de competir no mundo, é ela que reduzirá nossa desigualdade, é nela que se prepararão os cérebros que amanhã encontrarão as soluções para nossas aflições e impasses.

"Percebi que havia lançado um olhar para o futuro do mundo", disse Stefan Zweig ao ver o Brasil na década de 1940. Não fomos o futuro do mundo, mas somos mais relevantes no mundo do que imagina nosso pessimismo. Podemos ser mais do que somos. Não nos conformemos com a mediocridade, nem com a lenta dissolução dos nossos sonhos. Há muito trabalho a fazer. Trabalho lento e penoso. A vantagem é que já começamos. Olhe para trás: não foram poucas as conquistas. Agora, olhe para a frente: quem superou obstáculos do passado superará os do futuro. Continuemos a andar.

As meninas negras penduradas no vão central livre das escadas pareciam de elástico. Largas faixas amarelas atadas ao teto desciam até o chão, vários andares abaixo. Elas se contorciam e soltavam o corpo no ar, depois de manobras ágeis em que mudavam a posição nas faixas que sustentavam os corpos. Lindas e sorridentes as meninas malabaristas eram um dos vários pontos de interesse espalhados pelo espaço do Museu do Telefone, no Catete, bairro histórico do Rio de Janeiro. No saguão central do prédio, jovens tiravam dos objetos de percussão e tambores um ritmo irresistível. Quando os tambores silenciavam, uma doce música saía de um coro de violinos. Nas paredes, fotos de oito talentosos fotógrafos mostravam rostos de jovens pobres de Vigário Geral. Bonitos e orgulhosos de sua história e de seu talento, os jovens subiam e desciam as escadas freneticamente. Eram quase todos negros. A atenção das centenas de pessoas era disputada pelos múltiplos eventos que ocupavam cada canto do espaço. O mais arrebatador era o clima de alegria e vitória que os músicos do AfroReggae sempre conseguem espalhar em seus eventos. O grupo é quase contemporâneo da tragédia que produziu uma das piores cenas do Rio: a dos caixões de madeira barata enfileirados com os corpos de gente inocente assassinada por policiais em Vigário Geral, favela carioca.

Entrei naquela bagunça criativa e alegre e fui acolhida por um abraço prolongado de Anderson, o vocalista da banda. Ele viu o irmão ser morto na chacina de Vigário Geral e hoje, 13 anos depois, é uma liderança poderosa na favela e fora dela. "Da Favela para o mundo. Da Favela para o mundo"; o coro foi puxado por Anderson e representava o estado de espírito e o título do livro do coordenador do grupo, José Júnior.

No dia seguinte, num elegante salão na Câmara Americana em São Paulo, o sociólogo Hélio Santos se inquietava na proximidade das sete da noite. Experiente líder do movimento negro, ele achava que fizera mal em mandar instalar cem cadeiras a mais no auditório de tamanho variável. Acreditava que o salão ficaria vazio. Era a instalação do Instituto Brasileiro de Diversidade, que unia algumas ONGs do movimento negro, de mulheres e de pessoas portadoras de deficiência com o objetivo de incentivar ações afirmativas dentro das empresas. Hélio Santos não tinha razão para se preocupar. O auditório lotou. E era uma gente tão diversa, quanto diverso é o Brasil. Tinha partidos, cores, histórias de vida, classes sociais misturadas em torno do valor da diversidade.

Em momentos assim, a esperança aflora poderosa no coração de qualquer brasileiro. A diversidade é bonita e parecida com o país. Os compartimentos estanques e uniformes são artificiais e empobrecedores. Muita coisa nova está acontecendo dentro do Brasil. Mesmo quando parou de crescer, o Brasil nunca parou de mudar. A sociedade se organiza como nunca. Dessa vez não são apenas os interesses corporativos, que sempre estiveram organizados. É o país mesmo. De uma tragédia, pode nascer uma força transformadora; de velhas feridas, podem nascer novas soluções. O país está em movimento. E esse movimento pode dar um jeito no Brasil.

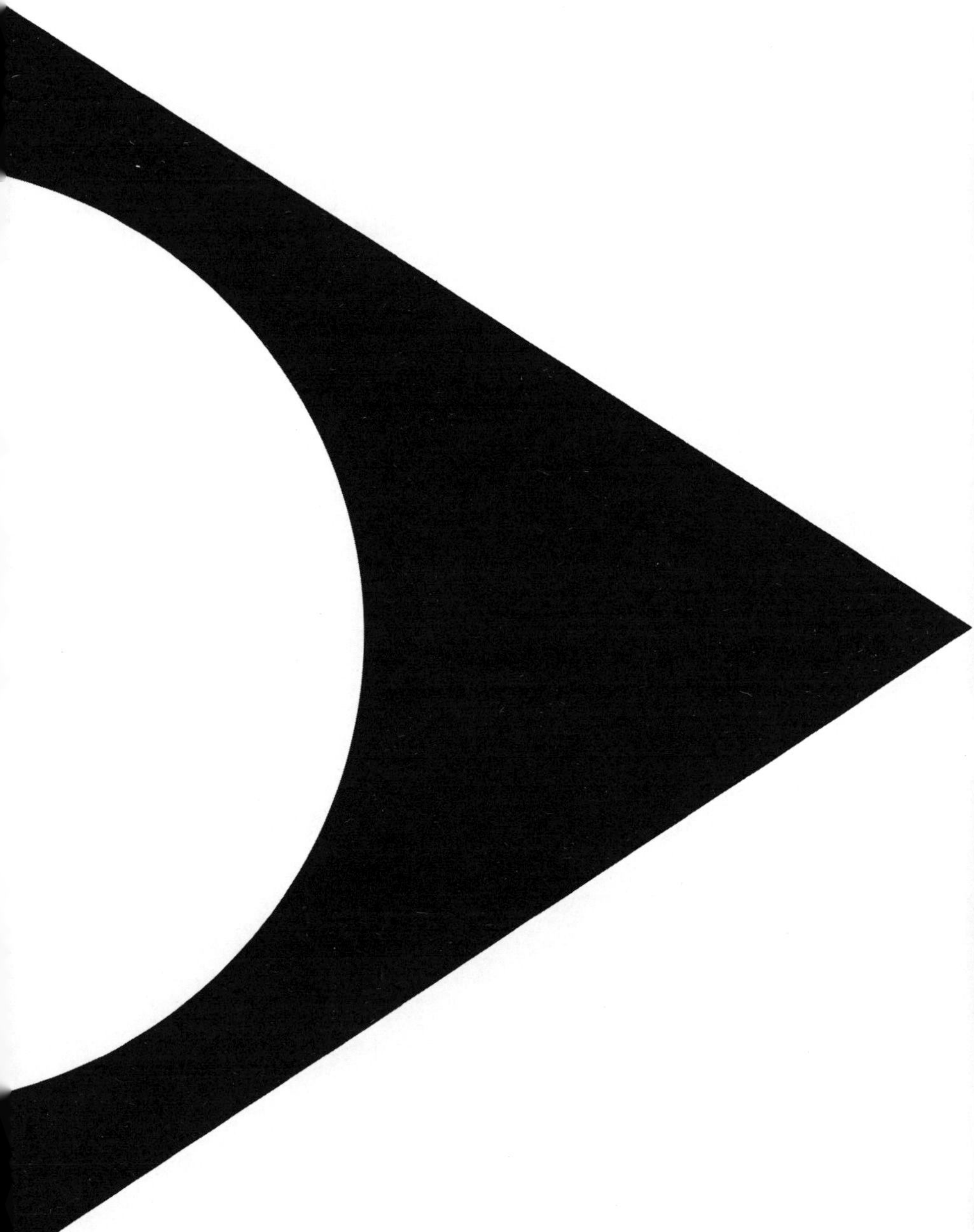

WANDERLEY GUILHERME DOS SANTOS

As ilusões brasileiras: contra a historiografia do boato

Países têm jeito; já é uma esperança. Os habitantes, nem todos, muitos afetados por glaucomas historiográficos. Países de dimensão continental têm dificuldade em observar com cuidado a história de outras nações, tomando delas, comfreqüência, não mais que seus mitos de exportação.O que os indianos ilustrados pensam dos ingleses, por exemplo, especialmente porque foram por eles colonizados, pouco tem a ver com as peripécias de vilanias e heroísmos que efetivamente identificam a história da Inglaterra. Servem-se os países continentais de estereótipos para aquilatar o estado contemporâneo de seu país natal, que é o quase exclusivo objeto de atenção. Não cessam de apreciar, mal, o próprio umbigo e, por isso, costumam contar imperitamente tanto a história pátria quanto a alheia. Ressalvados os escaninhos de erudição, a cultura geral da população letrada desses países é simultaneamente localista e mitológica.

Poucos escapam dos mitos, pois não são sempre inteiramente falsos. Mitos são narrativas com aderências de realidade, transfiguradas em falsas evidências a atestar a putativa veracidade do que, nas narrativas mitológicas, constituem seus segmentos imaginários.

Nem há, obrigatoriamente, deliberação malévola no ilusionismo das narrativas mitológicas. É muito difícil distinguir, nos lugares-comuns da sabedoria de cada época, aquilo que efetivamente corresponde ao mundo material do que não passa de transfiguração desse mesmo mundo. Para elucidar a extensão em que o presente autor professa a tese justo exposta, é bastante provável que a narrativa que estou por apresentar contenha elementos mitológicos, sem, portanto, aderência real, ao lado de proposições solidamente fundadas no universo das coisas. Não é, por conseguinte, a ausência de resíduos de mitologia – até porque só aparecem como resíduos quando são identificados como mitológicos – a característica essencial de um texto de análise naturalista, mas a incorporação da premissa metatextual de que parte da análise pode estar contaminada pela sedução dos lugares-comuns.

Os lugares-comuns e os preconceitos são recursos de economia judicativa, posto que, em larga medida, representam conhecimento destilado pelo tempo. Exceção feita aos delírios, fenômenos de outra esfera da atividade mental, os preconceitos e lugares-comuns não são retirados de uma cartola contendo o nada, ou contendo somente ilusões, em cujo caso haveria que se dar explicação para a gênese dessas ilusões, mas se originam em acontecimentos cuja repetição foi codificada tal como se traduzem nesses mesmos lugares-comuns e preconceitos. Os preconceitos facilitam o comércio social diário, posto que abastecem o depósito público de significados dos eventos. Por trás da linguagem comum, o que torna a vida coletiva viável é a generalizada aceitação de um mesmo sistema de explicações causais, independente da, digamos, cientificidade das causalidades presumidas.

Modernamente, foi Edmund Burke o primeiro teórico a reconhecer o relevante papel dos preconceitos na reprodução da vida em sociedade, ao contrário de reduzi-los ao negativo papel de obstáculos ao progresso. Mas ele não concebeu a possibilidade de que também se tornassem caducos, isto é, perdessem vigência como hipóteses operacionais válidas sobre o mundo do cotidiano. Essencialmente, a dificuldade de Burke encontrava-se em um de seus preconceitos, o preconceito anti-historicista. Não obstante valer-se freqüentemente de argumentos historicistas, inclusive evolucionários, vedava qualquer função demiúrgica à história. A hipótese de que a evolução da sociedade pudesse, por um lado, produzir a obsolescência de associações habitualmente identificadas na realidade social e, por outro, dar origem precisa a inéditas conexões de sentido, para traduzir em flexível linguagem weberiana o duro conceito de causalidade, estava muito além das ousadias de todos os teóricos do século XVIII, não somente de Burke. Do desconhecimento da história como produtora de causalidades, não somente de reiterações de causalidades pretéritas, nasce a consagração do senso comum como fonte e critério último de legitimidade do conhecimento. Isto é, do senso comum e dos boatos como teses historiográficas.

Os teóricos contemporâneos denominam de *folk sciences* esse conjunto de juízos sobre os mais diversos aspectos do mundo que, sem ser inteiramente falso, constitui importante obstáculo à percepção dos reais mecanismos em operação. Há, assim, uma psicologia do senso comum, bem como uma história, uma sociologia, e até mesmo uma física do senso comum. Muletas conceituais, elas atribuem sentido à sucessão de eventos, mesmo quando o sentido presumido contraria evidentemente as informações primárias. Todos os países possuem as suas ilusões pátrias, assentadas em ciências do senso comum, responsáveis pela maior ou menor velocidade com que seus problemas e dificuldades efetivos são identificados e atendidos com precisão. O Brasil também possui as suas ilusões e, entre outras possíveis razões, são elas que desconcertam os analistas e retardam o ritmo de superação das deficiências materiais do país. Candidato a ser incluído no rol dos acidentados iludidos, o signatário dispõe-se, de qualquer modo, a apontar duas ilusões de grande envergadura do senso comum nacional.

Uma das grandes ilusões brasileiras recebeu tonificante reforço durante as comemorações pelos 500 anos da descoberta do país, ou de seu achamento (palavra horrorosa), como preferem os portugueses. Houve um consenso público, reafirmado como profissão de fé a cada artigo jornalístico, de que nada havia a celebrar, dada a imutabilidade multissecular da pátria. Segundo o senso comum relativamente ilustrado, passados 500 anos o país continuava o mesmo. Este é um dos extraordinariamente resistentes boatos transmitidos de comentário em comentário, em artigos, livros e convescotes intelectuais.

Não obstante, a tolice da tese é evidente para qualquer observador livre das pressões conformistas, próprias do primitivismo cultural. Cacoete de linguagem, o juízo não descreve a realidade, mas constitui adesão declaratória a uma comunidade de personagens de ficção – a comunidade dos cidadãos de consciência histórica crítica. Talvez nunca tenha havido tanta indignação impressa no país, em resposta à putativa perenidade de todas as mazelas, proporcional à espantosa extensão temporal do pretexto: cinco séculos de iniqüidades. Apesar da algazarra, a revolta pelos cinco séculos de inanição desapareceu com o término das celebrações, mas a tese geral permaneceu: o país não teria mudado desde seu nascimento.

É de excessiva simplificação considerar que países colonizados estão prevenidos de mudanças. Várias independem das potências colonizadoras e, excluídas as políticas de genocídio, não há como impedi-las. Mas, adotada a tese de que nada muda no país há 500 anos, as análises tergiversam sobre o fato de que, uma ou duas décadas antes da Abolição da escravatura, o Brasil se transformara de uma sociedade escravista em uma sociedade em que se possuíam escravos. O principal investimento econômico deixara de ser na produção de escravos e, conseqüentemente, na economia com base na mão-de-obra escrava. Os reflexos dessa transformação material se mostram claramente na gradativa redução do poder dos políticos fluminenses e nordestinos e simultânea ascensão da elite paulista. Quanto mais simples a sociedade, na métrica da divisão social do trabalho e, por via de conseqüência, na estrutura de suas relações jurídicas, mais ajustada será a tese orgânica de que as relações políticas constituem não mais que uma projeção das hierarquias econômicas. A nova relação intra-elite ficará comprovada nos primeiros

12 anos da vida republicana, passado o hiato militar inicial, com o predomínio paulista na Presidência da República.

A imutabilidade com que se caracteriza o país continuará a ser contraditada pelos fatos da Primeira República, não obstante a insensibilidade ideológica dos adeptos da historiografia dos boatos sobre o imobilismo secular. Politicamente, as bases de sustentação do poder nacional deslocam-se dos municípios para as unidades federadas dos estados. Não apenas transformações de natureza econômica são responsáveis pela mudança, mas, prioritariamente, é a reordenação jurídica, substituindo-se um Estado unitário por uma federação, que provoca translações nas relações políticas consuetudinárias. De imediato criam-se novas instâncias de poder por via constitucional – os governos estaduais –, intermediação necessária, desde então, entre o governo central e os municípios. As transações financeiras nacionais sofrem profundo rearranjo, com o aparecimento de novos entes capazes de taxar e novas figuras de impostos. Simultaneamente, as demandas por políticas públicas, em contexto de escassa integração econômica nacional, tornam-se cada vez mais intensas quanto mais fragmentadas. O padrão de demandas da Primeira República é inteiramente distinto do padrão imperial, bem como o estilo decisório, fragmentado, por comparação com o monolitismo do século XIX. O resultado, próprio da conjugação de padrões segmentados, foi uma sucessão de políticas distributivas setoriais, estando vedado o caminho para políticas públicas de caráter abrangente. É o período das alíquotas cambiais e das cotas de produção agrícola. A economia se move, internamente, por via de acumulação no comércio, estando a produção agrícola exportadora subordinada aos comandos das casas de exportação, aqui, como no resto da América Latina, sujeita ao mesmo processo, sob controle de firmas estrangeiras.

A substituição no modo de produção econômica, de trabalho escravo para servil, no campo, e assalariado, nas cidades, acoplada à revolução jurídico-institucional representada pela implantação de uma república federalista (motivo de quase todas as guerras civis nos demais países sul-americanos, especialmente Argentina e Chile), faz da história brasileira dos primeiros 30 anos do século XX uma narrativa bem diferente daquela do século anterior. Na economia, na política, na vida pública, sem prejuízo das continuidades óbvias, e que não incumbe aos atores alterarem com facilidade, tudo distingue o Brasil republicano do imperial, ao contrário do que sustenta a historiografia de senso comum.

A Revolução de 1930 implicou em uma ruptura de espetacular magnitude na trajetória histórica do país. Sofrendo inegáveis mudanças, e algumas de grande porte, ao longo do tempo, as transformações do Brasil obedeciam a um ritmo relativamente conservador, quase inercial, isto é, sem padecer de intermitentes soluços de aceleração. Tudo se altera com o movimento de 1930. Dá-se aí o início do processo de integração econômica nacional, algo que tomará o resto do século passado, a construção de um aparelho de Estado adequado a projetos de modernização e diversificação produtiva e a cooptação do operário urbano para os quadros da política institucional corporativa. Nada disso poderá ser jamais afirmado do Brasil imperial, por exemplo, em cujo período não havia produção econômica a integrar nacionalmente – o que, é obvio, dispensava a criação de um Estado em sintonia com os tempos de então, já às voltas, no exterior, com a Revolução Industrial – com a economia escravista constituindo um poderoso entrave ao aparecimento de um operariado urbano com inclinações reivindicatórias e sindicais.

Distingue-se a Revolução de 1930 em relação à Primeira República, entre outras características, pela ênfase na integração por via da construção de uma infra-estrutura material com tal norte, enquanto, na Primeira República, a integração foi obtida mediante acordo político oligárquico, ou seja, por via institucional, mantendo-se as condições materiais básicas do país, em geral, fora da pauta de atenção dos governos. A facção da elite que toma o poder em outubro de 1930 torna explícitos, por seus pronunciamentos, sólidos compromissos com as mudanças na estrutura econômica do país, elegendo a industrialização como a estrada real para o progresso interno da nação tanto quanto de melhoria em sua posição internacional. Sustentar que, a partir de 1930, nada mudou no Brasil não ultrapassa o rigor da difusão de boatos difamatórios.

Quanto mais próxima a análise dos dias correntes, mais esdrúxula torna-se a tese do imobilismo secular. E incoerente também, pois não é razoável sustentar que nada, no Brasil, mudou em quatro séculos e, ao mesmo tempo, que a marcha do capitalismo tenha gerado deterioração urbanística, produzido um exército de trabalhadores informais e intensificado a má distribuição de renda. Essas não são conseqüências constantes de passivos de sociedades estagnadas. O registro histórico da realidade assinala que o Brasil foi um dos países com extraordinário crescimento econômico médio durante o século XX. Preservando a cautela que taxas médias merecem, fica a evidência de que houve transformações de grande monta no país, tema, aliás, de ruborizante frivolidade não fora o sucesso do boato de classe média de que nada no Brasil tem mudado ao longo de quatro séculos.

Outra grande ilusão brasileira remete às avaliações sobre a elite nacional, antes que aos sucessos materiais do país. Segundo a mesma escola da imutabilidade secular, a explicação para fenômeno de tal envergadura se encontra em outro de equivalente portento: a capacidade da elite nacional se reproduzir, mantendo sob completo controle os destinos nacionais. Escrito aqui, parece que o signatário constrói um dos conhecidos "homens-de-palha", figuras de retórica que não correspondem a ninguém, na realidade, apenas para facilitar o exercício de críticas que em nada contribuem para o debate intelectual. Todavia, quando exposto em artigos de elevada temperatura ética, o juízo costuma brilhar com supimpa sabedoria, conquistando adesões, que seriam mais significativas, é bem verdade, caso já não estivessem adredemente comprometidas.

A estabilidade da estratificação social brasileira é inegável. Descontadas as características populacionais, que fazem, por exemplo, com que grande parte da elite econômica contemporânea tenha ancestrais em trabalhadores do campo, observa-se que a fluidez da malha social, em termos individuais, é contrariada pela constância das distâncias coletivas entre as classes. Em outras palavras, se é verdade que as pessoas não encontram barreiras institucionalizadas à ascensão individual, sendo estas condições características de sociedades mais ou menos petrificadas, também procede a observação de que tal movimento não se dá simetricamente a alguma queda entre os que estão no topo, nem o resultado final, entre distintos agregados sociais, o que vem a ser diferente do que era antes do progresso social verificado. Foi justamente o longo período de expansão econômica, tornando a malha social bastante elástica, que deu origem à existência simultânea de progresso individual e estabilidade estrutural.

Nem por isso, entretanto, faz sentido a tese de que a mesma elite tem se assenhoreado do pulso do poder, impedindo transformações relevantes na ordem econômica e social. A expansão bruta, no topo, sendo também o resultado de diversificação na base, e não apenas multiplicação do mesmo, assegura a multiplicidade de interesses representados no interior da elite e, conseqüentemente, estimula a competição entre eles. Visões pouco sofisticadas acreditam que não há concorrência entre as diferentes elites em decorrência do fato elementar de que, por serem elites, têm as mesmas contra-elites por adversário comum. Incorreto. Elites e contra-elites carregam diferenciações internas que as tornam, eventualmente, concorrentes antes de cúmplices ou aliadas. As elites cafeeiras que assumiram o poder no início da República não compartilhavam dos interesses dos plantadores de algodão maranhenses ou dos senhores dos canaviais nordestinos. A facção da elite que liderou a Revolução de 1930, muito embora comprometida com os próprios interesses gerais, em sentido amplo, estava pouco empenhada em corresponder estritamente às expectativas de alguma das subelites em particular. Não fosse essa possibilidade real e, conseqüentemente, de análise, e os estudos sobre o bonapartismo e o bismarkismo, respectivamente de Karl Marx e Friedrich Engels, não teriam sido escritos.

Mesmo uma ligeira comparação entre o grupo de pessoas que compuseram os quadros dos senadores brasileiros da Primeira República, por exemplo, e o grupo dos atuais senadores revela a elevada heterogeneidade social do atual Senado, quando comparado às origens dos senadores da República anterior. A cada eleição observam-se mudanças na composição da Câmara dos Deputados, com expressiva participação da classe média, dos profissionais liberais, dos trabalhadores não manuais e, mesmo, dos trabalhadores manuais e dos trabalhadores rurais. Se essa representação é capaz de imprimir feição nitidamente de classe à legislação parlamentar é problema de outra dimensão, e que diz respeito às relações entre os poderes, independentemente de sua composição social. Para efeito de participação, não é razoável excluir o sindicalismo brasileiro contemporâneo do conjunto de subelites, considerando sua capacidade de agressão, por um lado, e de negociação, por outro.

Há evidências de secular discriminação contra mulheres e metecos, como em toda sociedade, e contra negros, resultado do período escravista, que se manifestam nas taxas diferenciadas de educação, emprego, ocupação e salário. Não há, todavia, obstáculos institucionais e legais assegurando a perpetuação dessas disparidades. Na realidade, tem-se observado no Brasil, particularmente a partir do fim da Segunda Guerra Mundial, a predominância de nítido processo paretiano de circulação de elites. Não há barreiras institucionais que impeçam a ascensão social e econômica de membros das classes inferiores – o que não quer dizer que contem com as mesmas probabilidades de acesso que os das classes superiores –, ainda que o padrão de estratificação social mantenha-se praticamente o mesmo. A sociedade é ao mesmo tempo fluida e inercial e é por intermédio de sua porosidade que o topo da pirâmide tem-se alargado, ao longo das décadas, possibilitando o ingresso de representantes de novos e diferenciados interesses sociais.

Provavelmente uma das mais nefastas conseqüências da concepção imobilista da sociedade brasileira consiste em desconhecer que as mudanças sociais não são necessariamente para melhor em todos os casos. Houve períodos em que as mudanças trouxeram pioras econômicas e de toda sorte aos destinos individuais dos brasileiros. Entre eles, encontra-se, por exemplo, a decadência do ciclo aurífero, ainda durante o segmento colonial da história, quando a renda reduziu-se, os centros urbanos definharam, a divisão social do trabalho retrocedeu. Foi somente com a retomada de sustentada atividade econômica, com a expansão cafeeira, e já no segmento autônomo imperial do país, que as condições materiais da sociedade recuperaram o estágio a que haviam atingido próximo ao fim do período colonial. Não foi o único momento.

Precisamente, vive o Brasil singular circunstância em que se acoplam transformações positivas de grande envergadura – com o resgate das penúrias econômicas de miseráveis que se contam aos milhões – à deterioração institucional comprometedora das conquistas da população. O fim da ditadura de Vargas, em 1945, deu início à fase constitucional moderna do país, isto é, aquela em que os artigos de lei passavam a ter abrangência inédita na história nacional. A rigor, deu início à fase em que o direito positivo começava a sobrepujar o costumeiro, o consuetudinário, nas relações sociais, econômicas e políticas. Da criação de uma justiça eleitoral independente ao surgimento de associações voluntárias, penetrava lentamente no país o hábito das regras, incorporando território e população crescentes. Na década de 1950, se ainda era verdade ser bastante elevado o contingente de pessoas a que o Estado não reconhecia, de fato, direitos constitucionais – basicamente os trabalhadores rurais e, em grande parte, o proletariado urbano –, por outro lado, estava capacitado, e o fazia, a garantir aos segmentos sociais privilegiados, incluindo as classes média-alta e média-média, efetivo consumo de todos esses direitos. A Constituição não existia para todos, mas era eficientemente usufruída por aqueles que a ela tinham acesso.

É claro que as constituições não valem durante regimes autoritários, e os códigos de direito positivo ficam subordinados à volubilidade dos interesses no poder. O mesmo ocorreu no Brasil a partir de 1964. Nenhuma classe fica segura durante tais períodos, pois todo conjunto de regras em operação depende, para sua eficácia, de dádiva do regime. Era, todavia, bem fundada a expectativa de que, restaurado o regime de liberdades públicas, civis e políticas, em 1985, a população recuperasse, no mínimo, as condições prevalecentes no período imediatamente anterior à ditadura. Não foi o que ocorreu. Depois de 20 anos autoritários de inegáveis transformações materiais (tão ou mais difíceis de serem aceitas pelos adeptos da tese imobilista) verificou-se que as instituições estatais permaneceram estagnadas, revelando-se incapazes de operar uma sociedade bem mais complexa que a anterior, e agora livre para seguir uma dinâmica plenamente endógena.

Além da contabilidade derivada da repressão característica de ditaduras, há de ser avaliado o legado negativo do autoritarismo relativo às instituições estatais esgarçadas, quando não em frangalhos. Desde então, a decadência operacional do Estado brasileiro foi acentuada pelas ações orientadas por uma visão ultrapassada do papel dos Estados modernos, que neles vê a origem de várias mazelas econômicas e sociais. O desalentador resultado entremostra-se na atual incapacidade do Estado brasileiro de assegurar o consumo dos bens constitucionais por grande parte da população. E não se trata mais de uma discriminação estritamente de classe. Nem as classes alta e média, antes privilegiadas, estão a salvo das violações nos respectivos direitos de opinião, organização e locomoção, para não citar senão os bens fundamentais de uma constituição. Mas são todos os códigos de convivência e comércio que sofrem de debilidade, ao sabor não mais de um único e voluntarioso centro de poder, mas do eventual burocrata em uma obscura agência governamental, a exigir propinas para atender a um direito, ou do traficante que instaura toques de recolher em bairros urbanos inteiros. O Brasil se desconstitucionalizou praticamente por completo. As relações sociais não estão mais embebidas das autorizações e limites instilados pela Constituição, a qual permanece como documento, cada vez mais alheia ao que vai pelo mundo da matéria social.

Antes que se possa alimentar grandes expectativas quanto à solução de alguns dos mais evidentes problemas nacionais parece-me indispensável atentar para a instabilidade pantanosa do solo sobre o qual se assenta a vida civilizada da nação. O país humano reclama por constitucionalidade, que impõe limite à instabilidade selvagem do estado da natureza. O desafio é de grande transcendência, cujo enfrentamento deverá ser plurianual. Por suposto, ao embate não estão convocados os bem situados conformistas da tese de que nada muda, adeptos da historiografia do boato. Continuarão apenas beneficiários do que efetivamente mudar.

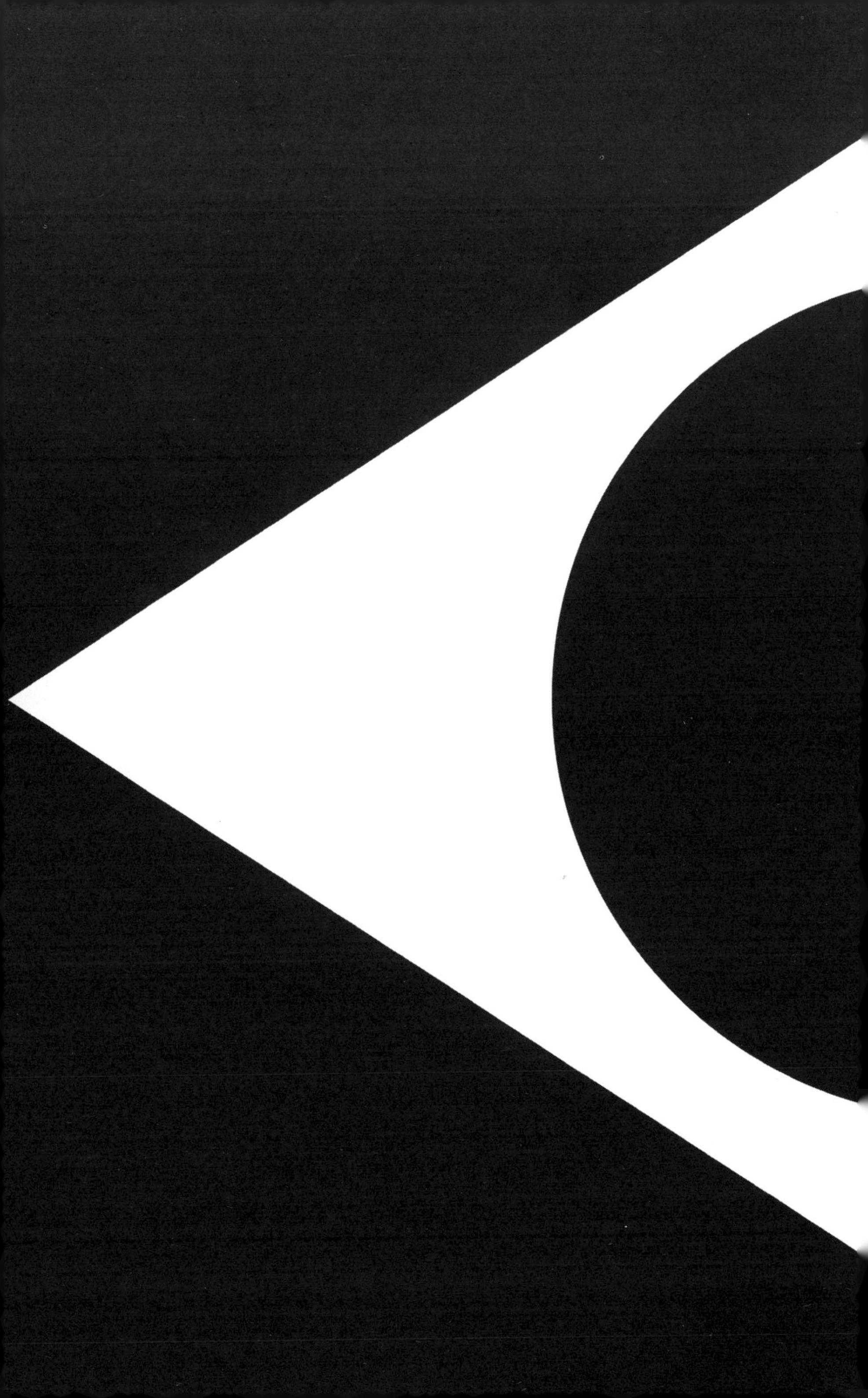

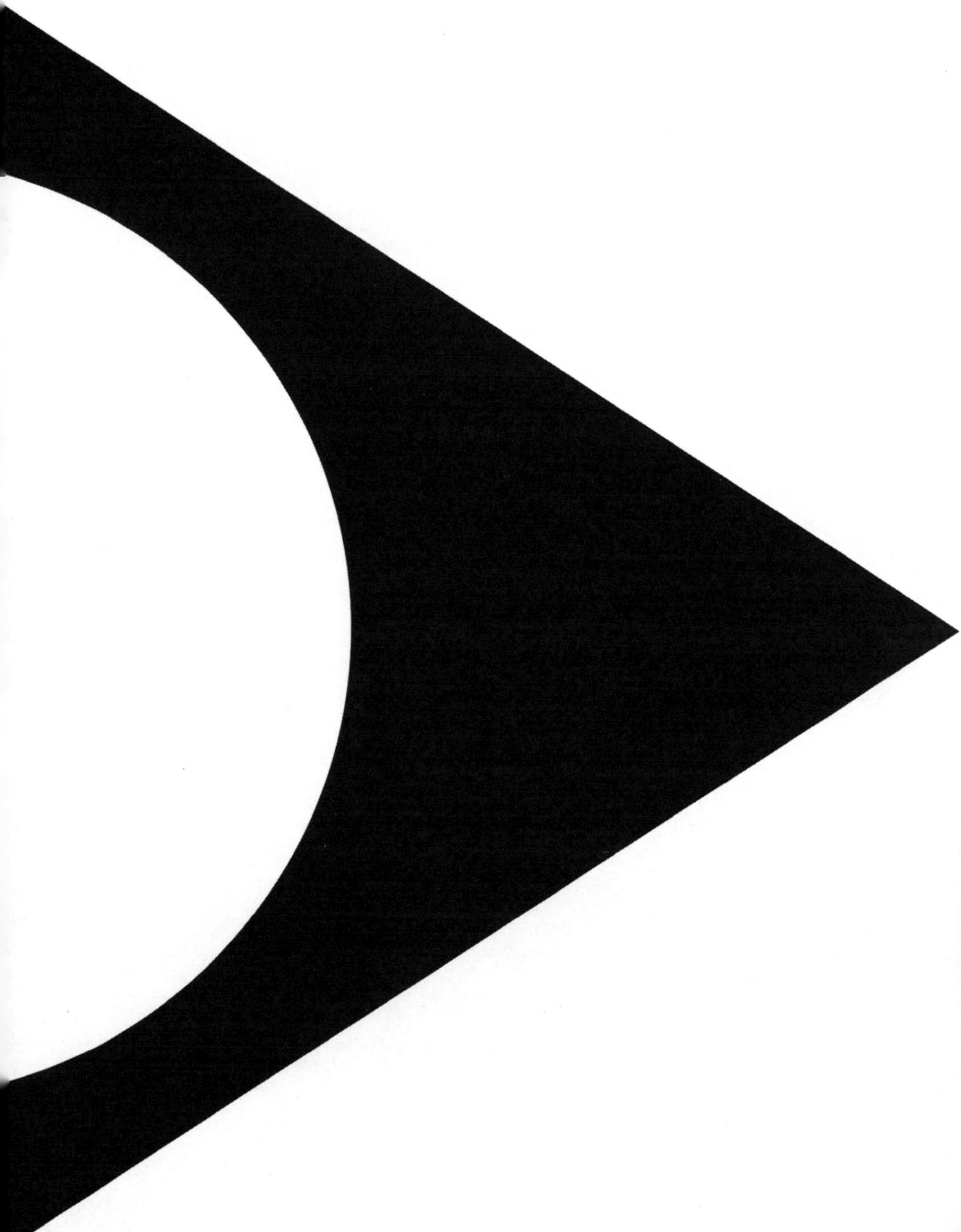

Gustavo H.B. Franco

Entre o horizontalismo e o privilégio – sobre a tensão na regulação da moeda

Há uma armadilha sutil na pergunta proposta neste livro: se pedisse uma solução, estaria reconhecendo um problema. Se a dúvida fosse sobre remédio ou cura, seria como admitir a existência de uma doença. Mas "jeito"? Jeito é uma instituição caracteristicamente brasileira, de natureza "paralegal", como dizia o mestre Roberto Campos, algo como a "rua" e a "casa", ou a jabuticaba, como ensinam outros tantos mestres de outros campos ideológicos, ou da ciência. São coisas que só existem no Brasil, e, portanto, o Brasil é tudo menos "desajeitado". Na verdade, uma resposta ao pé da letra para a pergunta é muito simples: só o Brasil tem jeito.

Diante dessa conclusão o leitor talvez já tenha percebido a natureza do problema: nós simplesmente não reconhecemos a existência de algo errado com o Brasil. Não obstante, o fato é que, no frio terreno da economia, o Brasil é umcopo pela metade, umquase sucesso, ou um quase fracasso, dependendo do olhar ou da conjuntura. Somos o país do futuro que nunca chega, do potencial jamais realizado, e das esperanças pela metade. E, nesse contexto, dizer que o Brasil tem jeito, ou é diferente, é um truísmo traiçoeiro, pois facilmente nos leva à crença de que temos uma identidade singular a partir da qual resolvemos, melhor dizendo, contornamos nossos problemas econômicos sempre evitando as leis e cânones observados e catalogados internacionalmente.

O assunto aqui não é novo: a tensão entre o geral e o específico, entre o local e o global e os limites da "identidade nacional", ou "dos caminhos autônomos para o desenvolvimento" num mundo onde já se tentou de tudo, onde as variações sobre alguns temas básicos da economia e da política foram tantas que já se proclamou até mesmo "o Fim da História".

Nunca faltou identidade ou singularidade nas escolhas que fez o Brasil no terreno da economia, das políticas públicas e das instituições que regulam a economia. Pelo contrário, nosso problema parece ser o de transbordamento de identidade, problema próprio do adolescente em fase de afirmação, valorizando em excesso o que lhe parece único, e geralmente não é, ou é apenas em parte, e desvalorizando tudo o que é regra geral. Parece haver uma crônica propensão a experimentar, em aparente harmonia com a velha máxima segundo a qual o Brasil está condenado ao sucesso, mas não antes de explorar todas as outras possibilidades.

Será que fomos bem-sucedidos em sistematicamente desafiar a sabedoria convencional? Será que não estamos demorando demais a chegar às mesmas conclusões que o resto do mundo já aceitou e codificou? Por que a nossa história, em muitas áreas, parece lenta, como na feliz expressão de José de Souza Martins?

No que se segue, propõe-se, em primeiro lugar, uma hipótese sobre o nosso problema, se é que podemos falar assim, de forma tão abrangente sobre o que há de errado conosco. A tese, na verdade, é muito simples: somos uma sociedade fundada essencialmente sobre o privilégio, e esta forma de organização social já não pertencia ao século XX. Sua prevalência no século XXI é o passaporte para a estagnação; mudamos (fazemos "reformas") ou vamos ficar para trás, orgulhosos e fracassados, como alguns de nossos vizinhos.

Em seguida, na segunda seção, examinamos as implicações dessa patologia no terreno específico da regulação da moeda, o que nos leva a explicar diversas singularidades brasileiras relacionadas com a inflação, sua degeneração em hiperinflação, e o modo como este foi o terreno onde a democracia defrontou-se diretamente com o privilégio. Pela gravidade do problema inflacionário, e em razão da centralidade do processo de reconstrução institucional da moeda, este veio a ser o terreno mais conflagrado do processo de reforma onde estamos a batalhar. O sucesso do Plano Real parece indicar que tomamos o caminho certo nesta encruzilhada, mas ainda há muito a navegar. As forças do atraso não estão rendidas.

Na última seção especulamos sobre o futuro, alçando o olhar para o próximo grande item de nossa agenda, a reconstrução do crescimento em novos termos que reflitam a hegemonia do horizontalismo e da impessoalidade sobre a velha cultura do privilégio. São muitas as tensões ainda a serem superadas ao se deslocar o eixo do dinamismo econômico do público para o privado.

A Sociedade do Privilégio: qual é o problema afinal?

Passando em revista as nossas origens, um tema comum a muitos historiadores, sob variadas matrizes e denominações, é a formação de uma sociedade fundada sobre o privilégio. No começo, quando se forma o que Jorge Caldeira chamou de a Nação Mercantilista, não havia capital, nem trabalho, tampouco sociedade, mas apenas o Estado, demiurgo e criador de todos os privilégios, dentre os quais, inclusive, o direito de propriedade sobre outros seres humanos. No Brasil, esta nossa nação invertebrada, comunidade imaginada, nunca tivemos luta de classes de verdade; a tensão social sempre foi entre o Estado, ou seus donos, e a sociedade, especialmente os brasileiros desprovidos de privilégio, independentemente de seu relacionamento com os "meios de produção". Direita e esquerda pareciam atores de um enredo menor num país onde o Estado sempre soube definir-se como um fim em si mesmo, como uma encarnação falsificada da nação. O Estado sempre foi propriedade privada de poucos, e por isso o Brasil nasceu desigual, e o crescimento, urbanização e internacionalização ao longo do século XX não modificou sua natureza. A maioria, ou o povo, esta entidade sem rosto, multidão silenciosa e amorfa, sempre foi coadjuvante da sociedade do privilégio, assim como o próprio território, de onde devem brotar as riquezas idealmente com o mínimo possível de capital, esforço e trabalho. Tudo se passa como se a riqueza, no Brasil, já existisse nas entranhas da Terra, bastando colher, ou extrair, de modo que tanto o trabalho como o capital fossem de importância secundária numa organização socioeconômica cujos contornos básicos tinham a ver com a distribuição discricionária dos direitos de propriedade sobre a pilhagem desta riqueza.

Os fundamentos econômicos da sociedade assim constituída são evidentemente tortos, pois não há ética protestante e, na verdade, tampouco o espírito do capitalismo. Há apenas e tão-somente a disputa pelo privilégio, ou mais precisamente a competição pelas rendas decorrentes do privilégio. Este é o verdadeiro motor desta sociedade meio "pré-capitalista", meio "ex-comunista" (sem ter sido!), onde a principal de suas atividades pode ser descrita pelo termo *rent seeking*. Ainda que este mesmo processo possa aparecer na historiografia brasileira sob outras denominações – isto é, "patrimonialismo" ou "corporativismo" – é curiosa a inexistência de tradução direta para a palavra *rent*, que, em inglês, tem um significado aparentemente inofensivo: renda ou aluguel devido pelo uso de uma propriedade inclusive intangível. Os economistas conhecidos como "clássicos", entre eles, David Ricardo, desenvolveram, todavia, uma acepção bem mais interessante para o vocábulo e que parece se adaptar muito bem a certo tipo de fenômeno típico, mas não exclusivo do Brasil. Para eles, *rents* são rendas ditas "excepcionais", ou mesmo "artificiais", decorrentes de uma situação criada, por exemplo, por monopólio, tarifa, proibição, exclusividade, concessão ou privilégio. Em essência, é uma renda "em excesso" do que seria o normal, amiúde criada pela ação do Estado, portanto, "decorrente de privilégio".

Não é sempre verdadeiro que esse tipo de renda seja "indevido" ou "indecoroso". Os casos clássicos são o de uma patente concedida ao inventor ou da tarifa protecionista concedida a uma "indústria nascente". Essas são situações em que alguém se beneficia direta e merecidamente, ao menos em tese, de uma intervenção do Estado na economia. Quando o objetivo é meritório e o benefício temporário, a teoria econômica tende a aprovar o privilégio, pois os ganhos, em tese, extravasam os auferidos pelos diretamente beneficiados.

Porém, nem sempre se tem clareza sobre o "meritório", e menos ainda sobre o "temporário". Privilégios, no Brasil, são elementos ordenadores da sociedade. Quando criados, tendem a se eternizar como direitos adquiridos e de dificílima invalidação, e "meritório" não chega a ser propriamente um critério excludente. Na verdade, o grande problema das políticas públicas não é definir quem é "estratégico" e merece apoio, mas afastar quem não é.

O fato é que no Brasil, mercê de nossos vícios de origem, quanto maior a regulação, ou a intervenção do Estado na economia, maiores as "rendas de privilégio" que são criadas e deslocadas de um lado para o outro. Ou seja, quanto mais o governo interferir na vida econômica, mais prevalecente será uma lógica política e clientelista na alocação de recursos e do talento nacional, em detrimento de uma lógica de negócio, ou de mercado. Dito de outra forma, a intervenção governamental há muito deixou para trás o apelo romântico keynesiano, e já perdeu muito de seu encanto "desenvolvimentista" que, provavelmente, acabará ou será "reestruturado" ao longo do século XXI, quando tudo indica que deverá crescer a sensibilidade do brasileiro com relação a essa patologia conhecida no Hemisfério Norte como *rent seeking*, outra doença que nos recusamos a reconhecer, a começar pela falta de tradução. O fato é que, nos dias que correm, a intervenção do Estado no domínio econômico se tornou um problema, uma fonte de incerteza face à falta de clareza a respeito da velocidade e da direção das decisões que afetam valores e propriedades. Tenha-se claro que, onde há insegurança sobre a propriedade ou sobre o valor de um negócio ou de um ativo, ou onde a propriedade ou atividade tenha "função social", ou se de alguma forma "pertence", ou depende de autorização de um soberano de vontade instável, que pode multiplicar ou dividir valores por um ato do Príncipe, segue-se que mais recursos e talentos serão destinados a criar (ou extinguir) e defender (ou atacar) "rendas de privilégio" do que a criar empresas e empregos.

Há muitos estudos sobre o impacto econômico (no plano da ética, não há muito o que discutir) de "atividades que visam a produzir rendas decorrentes de privilégio", entre as quais a corrupção e o clientelismo, e as conclusões principais nada têm de misteriosas: o crescimento econômico e o empreendedorismo são diminuídos quanto mais um país se dedica a criar e defender privilégios, mesmo quando esses não decorrem de corrupção. É interessante observar que, coincidentemente, mais ou menos no mesmo momento em que a Constituição de 1988 radicaliza a cultura do privilégio e rebaixa nossas possibilidades de crescimento, o Brasil experimenta mudanças na direção da democracia que nos levam a uma espécie de impasse. A democracia de massa no Brasil é um fenômeno muito recente, e seu aparecimento em meados dos anos 1980 tem a mais inesperada conseqüência: a hiperinflação. Por que a inflação vai de 100% anuais para 84% mensais de 1984 a 1989 durante os primeiros anos de democracia depois de três décadas de ditadura? Como é possível que o Brasil experimente uma das mais sérias patologias econômicas que se conhece – a hiperinflação – livre de guerras e revoluções e sem que se note a presença de alguma anormalidade econômica muito clara? O que havia de tão errado conosco?

A resposta para esses extraordinários enigmas não é tão complexa: o povo quis participar da sociedade do privilégio, anseio absolutamente legítimo, pois se as políticas públicas eram dirigidas a setores "especiais" ou "estratégicos", por que exatamente alguém, qualquer pessoa, deve ser excluído dessa categoria? Por que apenas alguns e não todos são merecedores das benesses do Estado? O fim da exclusão, corolário da democracia, deveria representar que o privilégio, agora, teria de ser para todos!

Com efeito, os primeiros anos da nossa democracia de massa produziram a hiperinflação porque a dinâmica política foi a de "incorporar" todo mundo que aparecesse, todos que quisessem podiam ter a sua emenda no orçamento, a sua "conquista" consagrada na Constituição, seu programa de apoio no contexto da "política industrial", todo o país passou a ser "estratégico", e, por força do princípio da isonomia, todos passaram a merecer o direito a algum pequeno cartório ou privilégio pelo menos igual ao do vizinho. Todos se tornaram credores do Estado e, portanto, cobradores implacáveis da dívida social. Era como se tivéssemos de *experimentar* a impossibilidade de generalizar o privilégio para que apenas depois desse trauma nos dedicássemos a combater privilégios.

Todavia, contrariamente ao pressuposto fundador da sociedade do privilégio, o Estado não é criador de riqueza, apenas um veículo de transferência. Por conta disso, o modelo de "inclusão por generalização de privilégio" rapidamente se revelou impraticável. O nobre propósito de "incluir os excluídos" a qualquer custo acabou corrompido pelo fato de que não havia dinheiro suficiente, ou não poderia haver privilégio para todos, uma óbvia impossibilidade. É claro que mais dinheiro podia ser fabricado, com a emissão desenfreada de moeda, mas, dessa maneira, o dinheiro advinha da tributação do próprio "excluído" pela inflação. Tributava-se a coletividade para financiar um privilégio individual, aliás vários, muitos, de tal sorte que começava a ficar evidente a falácia da composição envolvida no modelo de criação inflacionária de privilégios. A base do imposto inflacionário diminuía, fazendo-se necessária uma alíquota cada vez maior.

A inflação foi se tornando explosiva, e nenhum mecanismo institucional limitador ofereceu qualquer resistência à degeneração da inflação em hiperinflação. Por paradoxal que pareça, da democracia de massa e da explosão de boas intenções da Constituição de 1988, surge uma extraordinária patologia, uma das piores e mais viciosas que a humanidade conhece. Para entender melhor sobre seu surgimento e sobre o modo como veio a expressar as tensões entre a sociedade do privilégio e o horizontalismo próprio das democracias midiáticas do século XX, vale observar mais a fundo, como se faz na próxima seção, a dinâmica da regulação da moeda no último século, em cujas origens está o "ovo da serpente", e em cujas reformas reside o nosso futuro.

Um estudo de caso: privilégio e regulação da moeda

As instituições que compõem a moeda, ou o sistema monetário nacional, tiveram seu desenvolvimento seriamente deturpado ao longo do século XX, na medida em que foram colocadas a serviço da criação de privilégios para poucos. Para entender isso, é necessário recuar no tempo, para uma época em que a moeda deixou de ser uma dádiva da natureza, o ouro que saía do leito dos rios e que a mãe natureza nos legava em quantidades justas e certas em determinados lugares do planeta, e passou a ser uma coisa diferente, um pedaço de papel, uma mera convenção, uma criatura da lei. Essa transformação ocorreu no Brasil precisamente em 1933 com o Decreto-Lei 23.501/33, que reproduziu aqui o que já se passava em muitos países: o abandono definitivo da paridade legal em ouro da moeda nacional (do chamado "padrão-ouro"), da "cláusula ouro" (ou a liberdade para que brasileiros pudessem estipular obrigações em outra moeda), e a criação do papel-moeda de curso forçado, um pedaço de papel que estávamos todos obrigados a aceitar, por força da lei, para liquidar obrigações.

Por variadas razões que não vale aqui elaborar, não era mais possível adotar a natureza como a métrica da política monetária. Nem aqui, nem no plano global. Em termos práticos, a crise de 1929 vinha demonstrar em definitivo que apenas por um acidente a quantidade de ouro que existe na Terra seria suprida na exata quantidade necessária para que a atividade econômica no planeta girasse numa velocidade adequada. Em algum momento, o "padrão-ouro" teria de ser abandonado e no Brasil, em particular, essa mudança mexeria com crenças fundadoras da própria sociedade do privilégio. Numa primeira observação, poderia parecer que ficava invalidada a premissa segundo a qual o nosso território abrigava riquezas infindáveis, pertencentes ao Estado, e que seriam objeto de partilha discricionária na forma de privilégios. Todavia, o efeito prático foi exatamente o inverso: ao abandonar a crença de que havia um tesouro em nosso subsolo, o Estado acabava de descobrir que poderia fabricá-lo por meio da "mágica" oferecida pelo fato de que pedaços de papel com a assinatura do soberano teriam de ser aceitos por valor estabelecido discricionariamente pelo próprio soberano. Se a natureza nos negava o minério, o Estado o substituía, no plano do Direito, por meio do "curso forçado", fabricando papéis pintados conforme o seu soberano arbítrio de multiplicar privilégios.

Em muitos países onde o processo de transição da moeda metálica para a fiduciária teve lugar, e o papel-moeda de curso forçado tornou-se a regra e não mais a exceção, cresceu a preocupação com o imenso poder que os Estados passariam a dispor, na medida em que a mera pintura de um pedaço de papel representava a criação de poder de compra, um "mágico poder" que nenhum soberano em nenhuma outra época havia tido em tamanha escala. Na ausência dos limites dados pela natureza, os homens precisavam pensar em instituições com o intuito de determinar ou equilibrar, constranger os imensos poderes que os estados nacionais passavam a dispor com o advento do papel-moeda de curso forçado.

Com efeito, a história da moeda fiduciária no Brasil tem um capítulo muito especial a partir de 1933, quando o Estado descobre que fazer pedaços de papel é muito fácil, que não existe mais constrangimento internacional a essa prática, e que o valor desses papéis é infinitamente maior que o custo do papel e da pintura, e que a tentação de abusar dessa "mágica" é muito forte, pois muitas vezes o Estado, de boa-fé, vislumbra muitas boas causas que gostaria de apoiar, empreender, muitas carências a suprir, problemas a resolver, privilégios a serem concedidos, aliados a recompensar, apenas fabricando papel pintado.

Não apenas aqui, mas em muitos países, e não apenas nesse momento, mas durante pelo menos os dois séculos anteriores, incontáveis soberanos perceberam o potencial fomentador que existia em fabricar papel, e muitos se excederam e acabaram privados desse recém-descoberto poder. A história da descoberta da moeda fiduciária sempre estará associada a desastres dos mais variados tipos em todos os países que se conhece, e o nosso não é exceção. Contudo, quando a maior parte dos países do mundo ocidental fez a transição da moeda-ouro para a moeda-papel, criaram-se ou se fortaleceram, simultaneamente, instituições destinadas a constranger o poder do Estado de usar a moeda fiduciária para o mal, e dentre essas, a mais importante era o Banco Central.

Mas não aqui. No Brasil de 1933, na plenitude da era Vargas, em vez de criarmos um banco central focado na defesa (do cidadão contra os abusos do Estado através) da moeda, e adotarmos instituições assemelhadas às do resto do mundo, estatizamos e fortalecemos um banco comercial estatal, o Banco do Brasil, cuja missão era diferente daquela de um banco central. Uma vez mais, buscamos caminhos próprios fora do que se fazia no resto do mundo. Na mesma fornada de decretos de 1933, criamos a Lei da Usura com o intuito de fazer o que os economistas modernamente chamam de "repressão financeira", ou seja, restringir a atividade bancária privada e praticamente reservar ao Estado a capacidade de fazer crédito, que, como se sabe, é uma forma subsidiária de moeda. Portanto, estávamos aí tratando de fortalecer o domínio do Estado sobre a moeda, o que apenas se via reforçado pela implantação do paradigma de controles cambiais, outra vez por um decreto-lei também de 1933, o 23.238.

E, assim, nosso sistema monetário passou a ter como pilares os controles cambiais, o papel-moeda de curso forçado, e a Lei da Usura; vale dizer, um sistema destinado a maximizar o poder do Estado de usar a moeda, mesmo que em detrimento do cidadão, para cumprir seus desígnios. Nesse sistema, o criador da moeda era o Tesouro, ou o Banco do Brasil cuja agenda nada tinha a ver com prevenir os abusos do Estado ou proteger horizontalmente o poder de compra do cidadão. Com efeito, o Banco do Brasil foi posto a serviço de uma outra idéia, a de fazer o desenvolvimento brasileiro, e, com esse formato institucional, foi como se tivéssemos criado a contradição entre estabilidade e desenvolvimento, uma contradição que o futuro mostraria que não existia ou não era tão clara quanto se imaginava. Mas o fato é que não criamos um banco central quando toda a América Latina o fez entre os anos 1920 e 1930, e, ao fortalecer o Banco do Brasil, suprimimos os *checks and balances* (pesos e contrapesos) que devíamos ter criado no momento da adoção do curso forçado. Éramos uma ditadura. Talvez tenhamos aí uma pista para uma explicação para o fato de nossas instituições monetárias terem discrepado daquelas que se formavam, ou se amoldavam, ao mundo pós-crise de 1929.

Apenas em 1944, obrigados pela ratificação do Tratado de Bretton Woods no Congresso, e possivelmente pelo alvorecer da democracia, é que fizemos uma lei na qual se inscrevia o compromisso de se criar um banco central. Era criada a Superintendência da Moeda e do Crédito (Sumoc), uma superintendência dentro do Banco do Brasil que prepararia a criação do Banco Central do Brasil. Muitos anos se passaram sem que algo acontecesse; afinal, o Banco do Brasil foi sempre o maior inimigo do Banco Central. E, em pelo menos uma ocasião, o superintendente da Sumoc também ocupava a presidência do BNDE (futuro BNDES). Pelo menos duas dúzias de projetos de lei sobre a criação de um banco central foram discutidos no Congresso, mas nenhum deles prosperou, e não há dúvida que o Banco do Brasil contribuiu enormemente para que nenhum desses projetos tivesse sucesso.

Apenas em 1965, novamente sob ditadura, veio a Lei 4.595 que criou o Banco Central do Brasil, rompendo um longo impasse, mas ao custo de diversas concessões. O Banco Central aí criado era ainda subordinado ao Banco do Brasil, pois este sim era independente para executar a política de crédito que bem entendesse, pois tinha o direito aos fundos do Banco Central, ou seja, tinha a seu dispor a capacidade que foi alocada ao BC de pintar papéis. A eliminação dessa distorção só viria bem mais tarde, em 1986, quando os laços seriam rompidos entre o Banco do Brasil e o Banco Central. Era o fim da chamada "conta movimento", uma pequena revolução, pouco compreendida para o povo (como amiúde acontece com as revoluções no Brasil) que enfrentou a resistência dos detentores do privilégio, dentre os quais os funcionários do Banco do Brasil, que ameaçaram greves e produziram medidas liminares com vistas a suspender o fim da conta movimento.

Certo seria dizer que apenas em 1986 passamos a ter um Banco Central de verdade. É um escândalo que a instituição destinada a defender o cidadão dos abusos praticados pelo Estado por meio da moeda, e que se disseminou pelo planeta no século anterior à crise dos anos 1930, só tenha sido mais firmemente estabelecida no Brasil a 14 anos do fim do século XX. E o absurdo podia ser levado ainda mais adiante, pois continuaram funcionando bancos federais e estaduais que mesmo sem a conta movimento atuavam mais ou menos como se ela continuasse existindo. Dez anos mais tarde, em 1996, depois do Plano Real, e com as modificações feitas no tratamento que o Banco Central dava a bancos federais e estaduais (notadamente a proibição de concessão de empréstimos aos controladores, que vigorava em lei penal para bancos privados) é que passamos a ter um Banco Central mais próximo dos paradigmas internacionais. Quase terminamos o século XX sem um Banco Central digno dessa denominação, para não falar de uma inflação que superava os 4.000% anuais às vésperas do Plano Real.

É curioso, mas nada paradoxal, que a esse fracasso institucional brasileiro corresponda um outro fenômeno, um aparente "sucesso" representado pela extraordinária riqueza da produção legislativa e jurisprudencial brasileira sobre correção monetária. Era como se a inflação fosse um fato inevitável da vida, e a proteção do cidadão não coubesse a uma instituição que impedisse e combatesse a inflação diretamente, mas ao Estado que, seletivamente, e seguindo a lógica própria da criação de privilégios, protegesse determinado tipo de agentes e transações dos danos causados pela inflação. A correção monetária consistia em conceder seletivamente o privilégio da moeda estável. Como isso devesse caber a poucos e escolhidos, aqueles essenciais e mais importantes, não a todos.

Na ausência de um banco central atuante, a moeda estável passou à categoria de privilégio para poucos, um absurdo que, com o tempo, e na medida em que o Brasil vai se tornando uma democracia de verdade em meados dos 1980, fica cada vez mais difícil de ser sustentado. Na plenitude democrática, se torna impossível evitar que cada pessoa desta nação tenha direito à correção monetária, vale dizer, o direito a reclamar o roubo, a subtração do poder de compra da sua remuneração, do seu patrimônio feito pelo Estado por meio do abuso na emissão de moeda. E, assim, com a disseminação da correção monetária como uma espécie de substituto inferior da estabilidade monetária, criamos uma espécie de impasse: o Estado viu-se privado da coleta do chamado "imposto inflacionário", ou seja, ia perdendo a capacidade de auferir "receitas" decorrentes da emissão de moeda, e dessa forma, ao tentar emitir com mais velocidade do que as pessoas eram capazes de se livrar do dinheiro, sobreveio o raro fenômeno da hiperinflação.

O Plano Real teve como uma de suas preocupações centrais a de avançar no terreno das instituições monetárias de modo a recuperar o atraso histórico acima descrito, e assim evitar que o desastre que experimentamos até aquele momento viesse a se repetir. Naquele momento, todavia, não foi possível modificar substancialmente a natureza de nossas instituições monetárias, exceto talvez pela mudança importantíssima de composição operada no Conselho Monetário Nacional (CMN), que ficou reduzido a três membros apenas. Era uma mudança importantíssima no plano conceitual e também na prática. Tratava-se de retirar "regulados", bancos federais primordialmente, mas também de representantes do setor privado, entre os quais o presidente da Federação Brasileira dos Bancos (Febraban), de dentro do principal corpo regulador do sistema financeiro.

Não se conseguiu avançar mais em razão das restrições impostas pela interpretação dada pelo Supremo Tribunal Federal (STF) ao Artigo 192 da nossa Lei Maior, segundo a qual todas as matérias pertinentes ao sistema financeiro deveriam ser tratadas em Lei Complementar e regulamentadas por uma única lei complementar.

A "limpeza" do Artigo 192, aí incluída a revogação de seu parágrafo terceiro, que limitava os juros reais a 12% (o que não significou a revogação da velha Lei da Usura, de 1933, ainda em vigor), apenas se deu em 2003, já dentro do século XXI.

Mas, em 1994, tratava-se de acelerar um processo que vinha se desenrolando de forma extraordinariamente lenta, e uma oportunidade histórica de fazer as coisas andarem mais rápido. Na exata medida em que o nosso Banco Central começa a trabalhar como seus co-irmãos de outras partes do mundo, ou seja, quando adotamos os 25 Princípios da Basiléia, por exemplo, ou estendemos a supervisão bancária para bancos estaduais e federais, e quando recriamos a capacidade de o Banco Central fazer política monetária, estávamos transformando a economia e destruindo uma enorme quantidade de privilégios construída em torno da enorme indústria de iniqüidade que foi a inflação.

Na verdade, nada poderia ser mais eficaz que a inflação como instrumento de propagar e multiplicar privilégios e acentuar as desigualdades que persistem neste país desde o seu nascimento. Com efeito, a inflação está na raiz da tragédia distributiva que nós vivemos hoje, pois nada mais é que um imposto instituído sem representação, sem rito legislativo, sem legitimidade, e que, pior ainda, incide primordialmente sobre o pobre, o último a receber o privilégio da correção monetária. O pobre, não por outro motivo, seria o primeiro a aplaudir a estabilidade de preços, mesmo sem atinar completamente para o fato de que o benefício representado pela estabilidade de preço é criado por uma instituição que no dia-a-dia é freqüentemente apresentada como maligna, ou a serviço dos bancos. Para muitos o Banco Central é uma instituição opaca, que sobe os juros, que faz "maldades" aos participantes do mercado, e que defende os bancos (a solidez do sistema bancário); um caso clássico da "maldição das reformas", abaixo descrita, de custos localizados e benefícios difusos.

Um banco central ativo e zeloso do cumprimento de sua missão gera benefícios difusos, principalmente na forma da estabilidade do poder de compra da moeda, que dificilmente se tornam o objeto de grupos de pressão ou parte de programas políticos. Os beneficiados desse trabalho, aqueles que sofriam com a hiperinflação, em geral não se mobilizam, não se organizam, não fazem institutos, colóquios, partidos, não vão a Brasília, não chateiam os políticos, não fazem passeata na porta de lugar algum porque sequer se dão conta do benefício trazido por essa extraordinária reforma representada pela estabilização. Tal como se dá com a abertura, com a privatização, e com outras tantas reformas que destroem privilégios de poucos em benefício de muitos, os contemplados não se mobilizam para apoiar as reformas. Na maior parte dos casos sequer percebem os benefícios, pois estão muito diluídos e, portanto, precisam ser informados do que se passa. E, curiosamente, às vezes reagem muito mais em função da descoberta de um privilégio descabido que propriamente do benefício que derivam. Esta, todavia, é uma problemática mais geral, para a qual vale retornar em nossa última seção, que procura olhar para o futuro.

Sobre o que há para fazer: o desenvolvimentismo do século XXI

Durante o período que vai dos anos de ouro do desenvolvimentismo ao fim da Era dos Generais, época tão bem descrita na obra clássica de Celso Furtado, o crescimento era liderado pelos investimentos do Estado, o foco era a substituição de importações e havia um descaso, às vezes juvenil, às vezes mal-intencionado mesmo, com a inflação e com a desigualdade. A tributação "forçada", via inflação ou através de mecanismos como o FGTS, combinada a um nível baixo de gastos públicos no social, fizeram do Estado um grande poupador e, em razão disso, o maior dos investidores. Tal como nos regimes socialistas, a bem-sucedida marcha forçada na direção da industrialização suplantou qualquer outra prioridade, inclusive a social.

Desde meados dos anos 1980, todavia, a democracia feriu de morte esse modelo. Cresceu o gasto social, que é custeio, e também a intolerância da sociedade com respeito à inflação, à desigualdade e ao privilégio. A intolerância, como acima descrita, resultou em uma disseminação isonômica que sucumbe à falácia da composição. A "poupança pública" se tornou negativa, os déficits e a dívida pública explodiram, e chegamos à hiperinflação.

O Estado não podia, ao mesmo tempo, ser o comandante dos investimentos em infra-estrutura e um "Estado do Bem-Estar Social" (*Welfare State*). A soma desses desejos não cabia em nossa carga tributária, de modo que se estabeleceu um impasse que por um bom tempo foi resolvido pela inflação, vale dizer, pela mágica barata de pintar papéis coloridos para pagar as contas do Estado.

Superada essa forma de solução do problema, a partir do Plano Real, a questão de identidade acima enunciada se resolveu por meio de uma combinação de: (a) aumento na dívida pública; (b) compressão de investimentos públicos, ou transferência dessas responsabilidades para o setor privado via privatização ou venda de concessões; e (c) elevação da carga tributária.

Mais adiante, limites são encontrados nessas três alternativas, ficando evidente que a capacidade de investimento do setor público está praticamente esgotada e que, a se manter o nível existente de privilégios, ou de compromissos do Estado, os três elementos acima mencionados agirão como fatores compressores do crescimento do país. Na ausência da morfina representada pela inflação, a "doença" aparece em sua plenitude, prejudicando seriamente o desempenho do organismo econômico. Por qualquer desses três pontos de observação, a conclusão é a mesma: o Estado se tornou o obstáculo ao crescimento, e a face mais visível dessas barreiras é a taxa de juros. O descontrole fiscal combinado à disciplina monetária produz o que os livros-texto descrevem como *crowding out*, outra expressão sem tradução, outra patologia que nos recusamos a pensar que existe em nosso país. Tecnicamente, trata-se de fenômeno econômico pelo qual o excesso de demanda por recursos da parte do governo expulsa o setor privado da disputa pela poupança nacional através dos juros. Como é que algo tão evidente já não ganhou uma denominação local?

Não é mais a inflação alta que expressa a infecção representada pelo desacerto nas finanças públicas. O problema ficou menor, ainda que a bactéria tenha se tornado mais resistente. E o sintoma mais evidente da doença é a taxa de juros, a maior do mundo, um absurdo incontestável que, todavia, não deve ser debitado ao proverbial conservadorismo do Banco Central, mas à inconsistência entre moeda sadia e desequilíbrio fiscal, ou seja, ao *crowding out*. Ao remover a névoa proporcionada pela inflação, o problema fica mais aparente, embora não totalmente aparente, ainda comportando diversas teorias exóticas sobre os juros altos no Brasil, a mais caricata das quais a que aponta a "vilania do Banco Central" como o maior dos obstáculos ao desenvolvimento brasileiro e que, seguindo uma longa tradição histórica, propugna o retrocesso dos progressos institucionais descritos na seção anterior.

Em resumo, em absoluto contraste com a civilização dos anos 1950, a liderança do processo de crescimento está, ou deveria estar, nas mãos do setor privado, e o governo se tornou um obstáculo, o causador da inconsistência entre ambições (expressas pelo tamanho do gasto) e possibilidades (dadas pela tolerância da sociedade diante dos impostos e pelo requisito da moeda sadia salvaguardado pelo Banco Central).

Pouco se nota o quanto isso é estranho às embocaduras mentais originárias dos anos 1950, e que compõem a sabedoria estabelecida nesse assunto: o investimento público, de acordo com o mito, é comandado por "vontade política", como demonstrado por alguns exemplos célebres, como JK e o general Geisel. E hoje em Brasília muita gente ainda tem a ilusão de que investimento e crescimento são questões que se resolvem no Planalto Central, a partir da "vontade política" de líderes visionários. Nada contra o que se passou nos anos 1950, não há reparo a JK; o problema é que esse mesmo modelo não cabe em nossa realidade contemporânea.

O investimento privado é determinado de forma descentralizada, individual, portanto sujeito às incertezas envolvidas na racionalidade das multidões, e das decisões coletivas descentralizadas, que com freqüência resultam em bolhas ou depressões difíceis de se explicar. O investimento privado é um complexo processo social, uma teia de decisões interdependentes que precisa de uma atmosfera positiva, na qual horizontes precisam ser claros, a carga tributária moderada, o custo do capital razoável, a macroeconomia previsível, o marco regulatório consolidado, o mercado de capitais profundo, os investidores institucionais prestigiados, o empreendedorismo celebrado e a chance de intervenções discricionárias de autoridades de vezo redentor desprezível.

O setor privado não é um grupo organizado, não é "interlocutor" do governo ou de "pactos" com quem quer que seja, não é o "capital" governado por uma lógica compreensível aos marxistas, é apenas uma multidão. Seus movimentos podem ser caóticos, emocionais e destituídos de lógica aparente. Seus movimentos são a soma de milhões de realidades individuais idiossincráticas e não-coordenadas. Suas decisões de contratar e de produzir, e de investir, pouco têm a ver com as vontades dos governantes. A iniciativa privada não investe por que o governo manda, e a capacidade deste de oferecer garantias ou financiamentos subsidiados é muito limitada. As ações de governo que podem acordar o investimento privado, para o espanto e irritação de muitas cabeças formadas com cânones da civilização dos anos 1950, nada têm a ver com o ativismo daquele tempo. E é certo que o Brasil ainda não se adaptou a essa realidade: o investimento agregado na economia, grandeza que o IBGE designa como "formação bruta de capital fixo", está na faixa de 17% ou 18% do PIB, cerca de metade dos níveis observados nas economias emergentes da Ásia onde, e em razão disso, o crescimento tem sido na faixa de 7% a 10% ao ano.

Tudo, no século XXI, parece estranho aos cânones da sociedade do privilégio de onde começamos a nossa narrativa. A democracia de massa põe em xeque o privilégio como regra ordenadora da relação entre o Estado e a sociedade, impõe o horizontalismo e destrói a personalidade e a funcionalidade do Estado tal como sempre existiu. O drama se torna agudo na esfera da regulação monetária, que de tão apequenada e distorcida, resultou em permitir a catástrofe da hiperinflação. A rápida evolução das instituições e da regulação monetária parece evidenciar uma contradição básica com as formas usuais de funcionamento de uma economia ainda confusa com a escolha entre a busca do privilégio e o empreendedorismo. Vivemos a luta entre o "mercado" (a lógica econômica) e o imaginário político, com suas formas estabelecidas de governar e fazer políticas públicas com base no privilégio e no clientelismo.

O século XXI começa com um empate técnico: o horizontalismo saiu-se vitorioso em impedir abusos com a moeda, mas o atraso ainda problematiza a retirada do Estado do processo de investimento e da regulação. A batalha pelas reformas parece apenas no início; há muito, ainda, o que lutar. É importante reparar que todas as modificações em leis, regulamentos e políticas que temos designado, nos últimos anos, como "reformas", têm em comum, além da controvérsia e do gás lacrimogêneo, o fato de pretenderem destruir alguma forma de privilégio concedido a pessoas supostamente especiais; vale dizer, destruir alguma forma de intervenção do Estado no domínio econômico que gerou e gera privilégio a poucos em detrimento de muitos que, às vezes, nem sabem que as benesses existem e que são eles que pagam. E mais: com muita freqüência, a destruição de um privilégio, possivelmente vital para uma minoria, trará um benefício tão difuso e diluído para as maiorias que elas sequer o perceberão. E, por não o sentirem, se tornam paradoxal mas compreensivelmente indiferentes às reformas feitas em seu nome.

Não deve haver dúvida de quem vai terminar com a sociedade do privilégio, e retirar os impedimentos que ela nos coloca ao pleno alcance de nossas ambições de crescimento: a economia de mercado, a impessoalidade, o horizontalismo, e não é outro o motivo pelo qual a estabilização, a abertura, a desregulamentação, e a privatização geraram tantas tensões. A economia de mercado é subversiva numa sociedade ordenada pelo privilégio, pois propugna a competição, a meritocracia, e dispensa, tanto quanto possível, a interveniência de um Estado cheio de vícios, e destrói a teia relacional que Roberto da Matta identificou como a "casa". A economia de mercado é a rua, a estrada, é onde o futuro se localiza, é por onde o progresso há de nos levar.

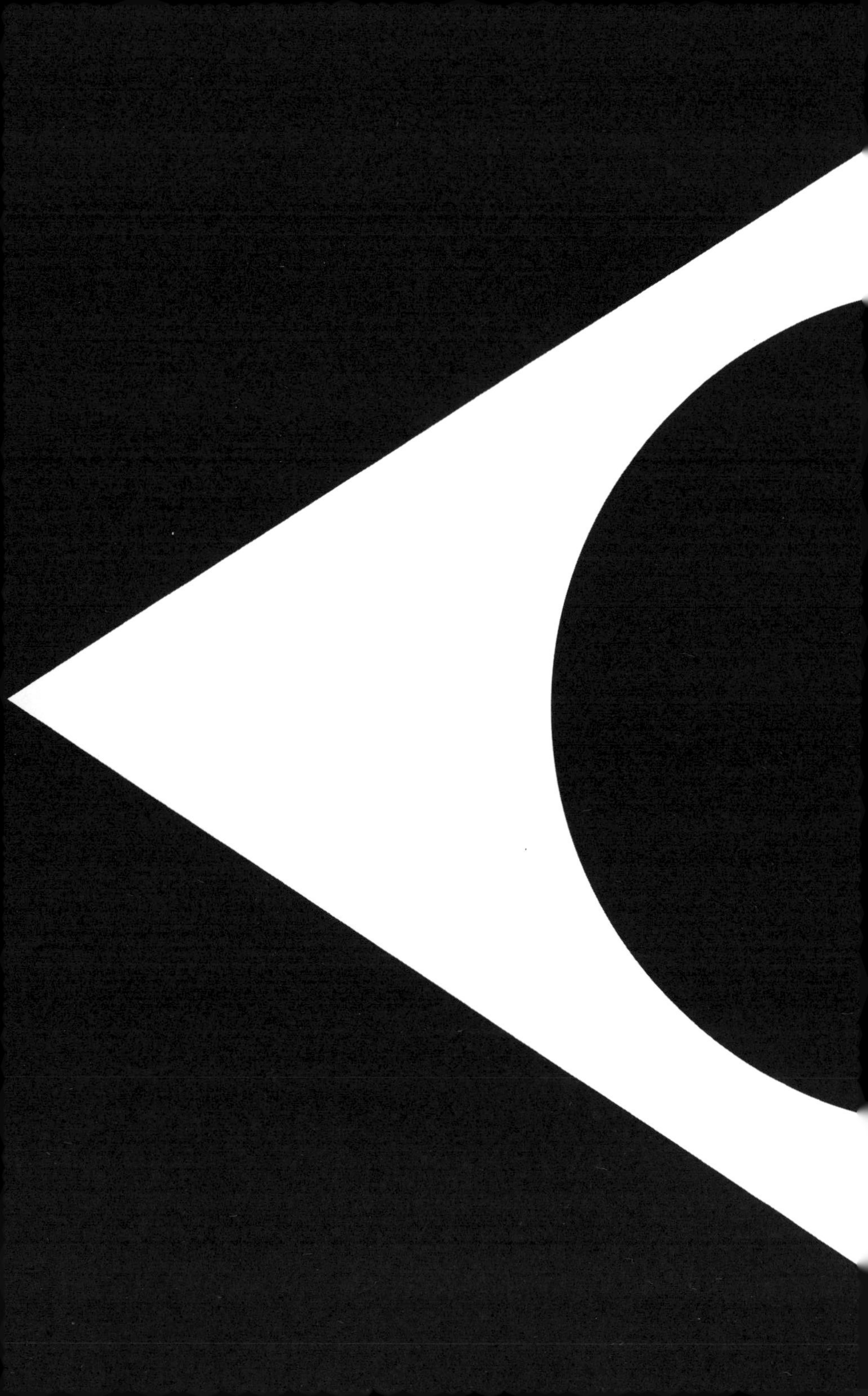

Luiz Gonzaga Belluzzo

Na toada da globalização

Desde o início dos anos 1980, sob a liderança de Ronald Reagan e Margareth Tatcher, foi desaçaimada a ofensiva global – ideológica e política – do neoliberalismo. A "visão econômica" que viria conquistar os corações e as mentes de todos estava comprometida comuma idéia fundamental: é preciso libertar as forças criativas da iniciativa privada e permitir a fluência mercantil, na medida do possível desimpedida das restrições impostas pela intervenção estatal.

É necessário entender que os fenômenos centrais do capitalismo contemporâneo são o acirramento da concorrência entre as grandes empresas internacionais e as rápidas mudanças na geoeconomia mundial. As posições relativas de países, continentes e classes sociais sofrem, já há algum tempo, alterações tão radicais quanto perturbadoras.

Com isso, o capitalismo (aquele que realmente existe) revela sua natureza mais profunda, aquela já desvelada por Marx e Engels no *Manifesto comunista*: "Aburguesia não pode existir sem revolucionar constantemente os meios de produção e, portanto, as relações de produção e com elas o conjunto das relações da sociedade ... Revolução permanente nas condições de produção, distúrbios ininterruptos de todas as condições sociais, permanente incerteza e agitação é o que distingue a era burguesa de todas as demais."

Marx e Engels escreveram isso em 1848, antes de as escaladas industriais dos Estados Unidos e da Alemanha confirmarem suas suspeitas sobre o papel da concorrência "universal" na expansão do regime do capital. Extasiada diante da potência revolucionária e "progressista" do capitalismo em seu ímpeto de mercantilização, a dupla não foi capaz de antecipar o papel crucial dos Estados nacionais e da luta política na "deformação" dos mercados e das condições da concorrência, na derrocada da hegemonia britânica. (Assim, é possível que os Estados Unidos anunciem o futuro da China. *De te fabula narratur.*)

Em meados do século XIX, as economias retardatárias se desenvolveram sob o livre comércio, patrocinado pela hegemonia financeira inglesa. No fim do século, a *belle époque* iria desfilar seu *aplomb* e suas aparências à beira do abismo cavado pelo protecionismo crescente e pelas disputas imperialistas por recursos naturais.

É demasiada pretensão do entendimento humano prognosticar para a nova etapa do liberalismo, o neo – ou seja, para a nova era de deslocamentos tectônicos e "climáticos" engendrados pelo revigoramento da concorrência universal –, o mesmo destino das aventuras do liberalismo clássico. O economista de Harvard Richard Freeman diz, em artigo recente, que a velha conversa sobre os benefícios do comércio – na situação em que os países avançados produzem bens de alta tecnologia com trabalho qualificado enquanto os menos desenvolvidos se dedicam aos setores de mão-de-obra não-qualificada – "tornou-se obsoleta com a presença da China e da Índia".

Os moradores de Flitch, no estado do Michigan, perderam o emprego na fábrica de autopeças fechada sob pressão da concorrência chinesa. Indagado sobre o destino dos desempregados, o economista Gregory Mankiw respondeu candidamente: "As pessoas têm que se mover." Afirmou isso depois de ter proclamado a necessidade de se ministrar um curso de economia no ensino médio para que o público em geral possa ter uma visão mais acurada da globalização.

A internacionalização da economia é um fenômeno constitutivo do capitalismo – o que não significa que haja uma única maneira de lidarmos com os processos que a constituem. É fácil, hoje, confundir as limitações crescentes impostas ao Estado-nação com a construção de um espaço de livre circulação dos indivíduos, promovida pelo movimento desembaraçado de mercadorias e de capitais. Os entusiastas da globalização asseguram que a liberdade humana decorre do impulso natural do homem à troca, ao intercâmbio, à aproximação por meio do comércio etc. Adam Smith corretamente chamou a atenção para o caráter libertador da economia mercantil capitalista e para as suas potencialidades. Marx, herdeiro e defensor das postulações do Iluminismo e da Revolução Francesa, indagou se o mundo das relações de produção e das forças produtivas do capitalismo permitiriam, de fato, a realização da Liberdade, da Igualdade e da Fraternidade.

O capitalismo pode ser definido como a coexistência entre a enorme capacidade de criar, transformar e dominar a natureza, suscitando desejos, ambições e esperanças, e a incapacidade intrínseca de entregar o que prometeu. Não se trata de uma perversidade, mas do seu modo de funcionamento.

A versão panglossiana da globalização nos ensina que ela nasce de uma espantosa revolução tecnológica, que está nos aproximando do momento em que o homem vai ter de trabalhar menos para poder sobreviver, já que a microeletrônica, a informática, a automação dos processos industriais etc. estão nos liberando das limitações de espaço e de tempo. Do espaço, inclusive, porque o sujeito supostamente pode trabalhar em casa, e assim trabalharia menos, e pode se tornar autônomo, patrão de si mesmo. A globalização realizaria essa enorme proeza de transformar todos nós em sujeitos autônomos. E a palavra autonomia tem um sentido profundo, está na origem da modernidade. A autonomia de um indivíduo significa a sua auto-realização dentro das regras das liberdades republicanas e do respeito ao outro. Opõe-se à submissão aos poderes – públicos e privados – que o cidadão não controla. A globalização, associando tecnologia e transformação das formas de trabalho, estaria realizando essa maravilhosa promessa da modernidade.

Mas qual é a realidade da globalização? Qual o processo real que convive com essa fantasia?

Houve uma intensificação do ritmo de trabalho, medida em estudo recente da Organização Internacional do Trabalho e de outras instituições que lidam com o assunto. Entre os que estão empregados, o trabalho se intensificou. Mas há os que se tornaram independentes do trabalho, ou os autônomos em potencial, o que pode ser considerada por alguns como uma inteligente maneira de nomear os desempregados. O desemprego global cresceu muito, ao mesmo tempo que se aceleraram o deslocamento da produção e a intensificação do trabalho. Nos Estados Unidos, por exemplo, as horas trabalhadas cresceram em todos os setores.

Por outro lado, as novas formas financeiras contribuíram para aumentar o poder das grandes corporações. As fusões e aquisições suscitaram um maior controle dos mercados e promoveram campanhas contra os direitos sociais e econômicos, considerados um obstáculo à operação das leis de concorrência. A abertura dos mercados e o acirramento da concorrência coexistem com a tendência ao monopólio e, assim, restringem a soberania estatal e impedem que os cidadãos, no exercício da política democrática, tenham capacidade de decidir sobre a própria vida.

Na era do capitalismo "turbinado", os bem-sucedidos acumulam "tempo livre" sob a forma de capital fictício, a maneira mais abstrata e ao mesmo tempo mais despótica de riqueza capitalista. Para os mais fracos, a "liberação" do esforço e das penas do trabalho se apresenta sob a forma do desemprego, da crescente insegurança e precariedade das novas ocupações, da queda dos salários reais, da exclusão social. Assim, a liberdade negativa se afirma como a liberdade possível para a maioria nos novos tempos.

A globalização parece nos submeter a forças que não controlamos, nem muitas vezes compreendemos. Forças que se fazem de virtuais. Há 20 anos, se alguém perdesse o emprego, poderia se mobilizar contra o patronato, ou contra o governo, acusando-o de estar executando uma política econômica equivocada. Ainda que se possa fazer isso hoje, provavelmente o governo vai responder que tudo ocorreu como conseqüência inevitável da globalização.

O *The New York Times* publicou há pouco tempo um conjunto de matérias mostrando que Bill Clinton e sua equipe foram convencidos de que o projeto norte-americano ideal para o mundo era a abertura financeira. Aqui no Brasil, *O Estado de São Paulo* publicou essas mesmas matérias, e de qualquer forma vários estudos e livros foram produzidos, apontando fato semelhante. A abertura financeira, da qual as crises e os ataques especulativos são apenas os aspectos mais explicitamente homicidas, é um projeto de Wall Street e de Washington, a ponto de às vezes ficar difícil decidir se Wall Street é a dimensão financeira do Estado norte-americano ou se o Estado norte-americano é a dimensão política de Wall Street.

Nem o Estado norte-americano, nem Wall Street – e muito menos aqueles que lucram com a destruição, da noite para o dia, via Internet, da moeda e da economia de um país – é virtual – nem a informática é tão *mágica* quanto nos querem fazer compreendê-la. O mundo informatizado não deixou de ter cérebros que comandam e dedos que apertam os botões. Claro que é sempre um esforço trazer isso de volta ao nosso foco, superando o engodo do *não há nada a fazer*, que retira o caso de nossas mãos, afastando para muito longe ou, de preferência, para lugar nenhum. Assim como esses processos não são intangíveis, também não são incontestáveis.

No Brasil, o alvo preferido foi o desenvolvimentismo fomentado pela intervenção do Estado. A desorganização financeira e fiscal da "década perdida" dos anos 1980 forneceram combustível para alastrar as chamas da purificação mercadista. O apelo à liberalização geral e irrestrita explicitava o fim do consenso em torno do objetivo comum do desenvolvimento – sobretudo entre as camadas dominantes – mas também serviria para conter as pressões das classes subalternas por um reconhecimento integral de seus direitos políticos, sociais e econômicos.

Não foi apenas por conta das mudanças no ambiente internacional que o ideário do liberalismo cosmopolita ganhou força e transformou-se na ideologia dominante do patriciado. Diante da dificuldade de se reconstituir, em novas bases, um objetivo compartilhado e do visível enfraquecimento financeiro e da capacidade coordenadora do Estado, o liberalismo "internacionalista" reaparece como a fórmula mágica da conciliação de interesses no interior das camadas dominantes e, ao mesmo tempo, como método político destinado a bloquear, mais uma vez, o avanço das classes subordinadas na conquista dos seus direitos.

No Brasil, o cosmopolitismo conservador empreendeu, no fim da década de 1980 e início da de 1990, mais uma vez, a missão de "recolocar o país nos eixos". Primeiro vieram os *colloridos*, barulhentos e folgazões, um grupo de colegiais em viagem de férias. Entre nós, a abertura comercial e a financeira se iniciou no governo Collor. Em vários países, foram estabelecidas regras de controle para a liberalização das contas de capital, enquanto aqui imperou a abertura total, uma fantasia virginal da forma mais pura do capitalismo. Entramos de cabeça na tal abertura comercial, quando poderíamos tê-la empreendido de maneira seletiva, como outros países, de modo a evitar a destruição de empregos. Entregamos tudo e não nos deram nada.

Os aventureiros duraram pouco. Mas a expulsão dos decaídos não significou o fim das suas idéias e projetos. Como um estandarte tombado, elas foram resgatadas no campo de batalha. Agora, seriam empunhadas, ainda com maior ardor, por mãos sábias e respeitáveis da socialdemocracia brasileira e de seus doutores.

Como o Brasil é um país singular e surpreendente, produziu-se, nesse caso, uma notável inversão daquela famosa seqüência vislumbrada por Marx no *18 Brumário*: a história se manifestou primeiro como farsa e depois como tragédia. O solene sucedeu o grotesco.

Nas tragédias, o destino impessoal e inexorável conduz a vida dos homens. Era preciso engatar o país na globalização e em suas modernidades. Primeiro a estabilização da economia. Um sucesso retumbante. Finalmente, uma moeda forte, ancorada no dólar.

O tucanato reinante conseguiu derrubar a superinflação crônica mediante a velha prática de ancorar a moeda nacional numa moeda forte. Isso foi feito numa hora estratégica, ou seja, às vésperas das eleições presidenciais de 1994. Nos comícios eleitorais, em sua caminhada vitoriosa, foi possível ao candidato Fernando Henrique Cardoso brandir as notas de real, tão fortes quanto o dólar.

Desprezando os riscos envolvidos nesse tipo de "estabilização", as chamadas autoridades monetárias jogaram pesado: na ânsia de fazer a inflação doméstica convergir mais rapidamente com os índices internacionais, deixaram que a moeda nacional sofresse uma valorização nominal em relação ao dólar. A nova moeda não era apenas forte. Era muito forte.

Junto a isso vieram as rebaixas de tarifas, a farra das importações, as promessas de privatização a qualquer custo, a aceitação de todas as vulgaridades dogmáticas e apologéticas dos ideólogos do capitalismo turbinado e comandado pela mão visível do Império do Norte. Na contramão, muita gente avisou: lançaram a âncora na areia movediça dos mercados financeiros voláteis. Isso significa submeter a economia brasileira à ditadura de expectativas e avaliações.

Mas os "pecados" de concepção e de administração do Plano Real não são daqueles que podem ser cometidos solitariamente por economistas, ministros da Fazenda ou presidentes da República. Acidentes de tal monta causados por erros individuais ou por pequenos grupos dirigentes podem acontecer na história dos povos, mas estou convencido de que eles são menos freqüentes do que imagina o senso comum.

O Plano Real foi deflagrado numa conjuntura em que a fadiga da sociedade brasileira com os fracassos anteriores no combate à praga inflacionária já se transformava em exasperação. Por razões estranhas à nossa vontade, o longo período de escassez de financiamento externo privado chegou ao fim no início dos anos 1990. Para o bem ou para o mal, os novos mercados financeiros "securitizados" buscavam avidamente oportunidades de ganho em praças consideradas de maior risco. Essa é história velha e conhecida. Também é sabido que, com a volta dos capitais, foi possível revigorar antigos ideais do liberalismo econômico, apresentados como o "último grito" da moda econômica, já lançados, diga-se, por Reagan e Tatcher no circuito Nova York-Londres.

O que era um sonho de muitos brasileiros ricos e bonitos, os capitais irrequietos e brincalhões estavam prestes a se transformar numa tentadora realidade. Maravilha das maravilhas. A mão invisível finalmente em ação nos trópicos.

Vejam que sua majestade, o real, nasceu valendo mais que um dólar. Por isso, as prateleiras das lojas e dos supermercados ficaram apinhadas de produtos importados baratos. Havia para todos os gostos e idades. Brinquedos chineses, carros alemães e japoneses, verduras frescas francesas e até berinjela italiana. A indústria, a agricultura e os serviços mudaram rapidamente seus fornecedores, para gozar das vantagens dos equipamentos, peças e componentes mais avançados e mais baratos, produzidas no estrangeiro.

Melhor que tudo: toda essa festança foi financiada com dinheiro emprestado lá fora. Haja progressismo! Mas o que conta mesmo é a imaginação: nem bem nos livramos de um e começamos a empilhar outro alentado passivo externo. Dessa vez, preste muita atenção, você aí, que anda na contramão: não é aquela dívida perniciosa contraída pelo Estado perdulário. Não! É uma dívida saudável. Se o negócio é privado, não há por que se preocupar, dizem os sabichões. As decisões privadas, eles sustentam. Ao contrário das públicas, são sempre racionais, coordenadas por mercados eficientes: se um agente toma emprestado é porque no outro lado da operação está a aquisição de um ativo capaz de gerar os recursos necessários para pagar a dívida.

As palavras de ordem eram: abertura comercial; liberalização das contas de capital; desregulamentação e "descompressão" dos sistemas financeiros domésticos; reforma do Estado, incluindo a privatização da seguridade social e o abandono das políticas de fomento à indústria e à agricultura. O apetite dos brasileiros "emergentes" por produtos e idéias de origem estrangeira sempre foi notório. Nessa onda recente de globalização e exaltação do liberalismo econômico, tal voracidade encontrou farto repasto.

A rejeição ao "nacional" não só atingiu os níveis mais profundos daquelas almas nativas mas também conseguiu angariar novos adeptos. Desde os anos 1930 não se via coisa igual. A rejeição é mais profunda porque atingiu, de forma devastadora, os sentimentos de pertinência à mesma comunidade de destino, suscitando processos subjetivos de diferenciação e desidentificação em relação aos "outros", ou seja, à massa de pobres e miseráveis que "infesta" o país. E essa desidentificação vem assumindo cada vez mais as feições de um individualismo agressivo e anti-republicano. Uma espécie de caricatura do americanismo.

A rejeição também foi mais ampla porque estas formas de consciência social contaminaram vastas camadas das classes médias: desde os "novos" proprietários, passando pelos quadros técnicos intermediários, até chegar aos executivos assalariados e à nova intelectualidade formada em universidades estrangeiras ou mesmo em escolas locais que se esmeram em reproduzir os valores e hábitos forâneos. Isso para não falar do papel avassalador da mídia, nacional e estrangeira.

Tais expectativas e anseios não são um desvio psicológico, mas deitam raízes profundas na desigualdade que há séculos assola o país. Produtos da desigualdade secular e daquela acrescentada no período do desenvolvimentismo, as classes cosmopolitas têm sido, ao mesmo tempo, decisivas para a reprodução do *apartheid* social e impiedosas na crítica do desenvolvimento nacional, a partir de um primeiro-mundismo abstrato e não raro, vulgar.

Nada impressiona mais um brasileiro, nesses tempos globais, do que a expressão: "isto é do primeiro mundo". Objetos, eventos, comportamentos, instituições são avaliados – positiva ou negativamente – conforme a maior ou menor adequação ao sedutor critério do *primeiro-mundismo*.

A publicidade, em todas as suas formas, não faz outra coisa: carros, viagens, férias, restaurantes, tudo deve ter o padrão dos países adiantados. Uma cadeia de lojas anunciava, outro dia, preços e qualidade do primeiro mundo. Nada mencionava, naturalmente, a respeito das taxas de juros do seu crediário.

Tenho cá minhas reservas diante do festival de *primeiro-mundismo* que assola o país, mas acho admirável essa ambição dos brasileiros: fazem questão de submeter as coisas da terra aos mais rigorosos critérios de julgamento. Com muita fé e um pouco de sorte, vão ver algum dia essas exigências e preocupações saltarem do consumo individual para outras esferas da vida e da convivência.

Por enquanto, na área do coletivo, a coisa vai de mal a pior. Os serviços públicos, no Brasil, seriam duramente reprovados por uma inspeção de primeiro mundo, por exemplo: hospitais e escolas. Talvez ainda mais vergonhosa seja a situação dos aposentados, com suas miseráveis pensões. Tão vexatória quanto o estado das prisões, onde homens e mulheres são amontoados como lixo.

Ah, isso todo o mundo já sabe, diria o sabido. Sabe mas não junta. Hospital, escola, aposentadoria, cadeia, o que tem em comum? São administrados pelo governo, responderia outro sabido. Então vamos privatizar tudo, concluiria o terceiro.

Escola, hospital, aposentadoria e cadeia também lembram crianças, doentes, velhos e alijados do convívio social. São cidadãos que têm uma característica comum: tanto eles quanto os desempregados estão impossibilitados – salvo os muito ricos – de prover a sua subsistência e de sua família por meio do trabalho. Estão, portanto, fora do mercado, ainda que o mercado pretenda incessantemente transformar a doença, o ensino, as pensões e a privação de liberdade em mercadorias e fontes de enriquecimento.

Desde o fim da Segunda Guerra, nos países que se transformariam no badalado primeiro mundo, os homens de negócios, os políticos e as classes médias compreenderam que a paz social só poderia ser mantida se as frações mais ricas e poderosas da sociedade estivessem dispostas a amparar os mais débeis, pagando mais impostos para financiar o Estado de Bem-Estar Social.

De uns tempos para cá, a coisa mudou e os gastos sociais excessivos são acusados de prejudicar a competitividade dos países e a criação de empregos. Pois hoje os povos do primeiro mundo – europeus e norte-americanos – lutam para evitar que o futuro da criança, a saúde dos doentes e o sossego dos velhos sejam entregues às turbulências e às incertezas do mercado. Isso quer dizer, na prática, o seguinte: as sociedades do primeiro mundo lutam para que ninguém deixe de ter oportunidades, de curar sua doença ou de descansar dignamente de suas fainas. Em nome deste princípio, os sindicatos, as associações profissionais e as organizações sociais vêm impedindo, na medida de suas forças, as "reformas" que visam a encolher o atendimento dos programas sociais, reduzir os benefícios e privatizar alguns serviços básicos. Isso não os impede de apoiar medidas que objetivam diminuir o custo de alguns programas, limitando, por exemplo, o acesso dos mais ricos aos serviços de saúde.

No Brasil, nesses assuntos, estamos para lá do quinto mundo. Essa desgraça não é de hoje. Por aqui, os ricos e até os remediados acham que pobre é preguiçoso e que os gastos sociais são desperdício, dinheiro jogado fora. Contratam segurança particular, compram caríssimos e arriscados planos de saúde, e colocam os filhos na escola privada. Ou seja, acham que não vale a pena pagar pela ampliação dos direitos sociais, sem o que não se pode falar em cidadania. Preferem, talvez, se um dia o tempo esquentar, tomar o avião e se mandar para Miami, reconhecidamente uma maravilha do primeiro mundo.

Celso Furtado dizia, em entrevista a revista *Carta Capital*, "que os países subdesenvolvidos acumulam riquezas etc., mas não se desenvolvem, porque tentam reproduzir hábitos de vida e traços de culturas dominantes, mas não são criadores de seu próprio destino. Isso me deu a idéia de que o subdesenvolvimento merecia um trabalho de teorização própria, era preciso pensar o subdesenvolvimento com uma realidade histórica à parte e que exige um estudo, uma reflexão, uma criatividade. Mas não será seguindo os modelos conhecidos da história do desenvolvimento dos países desenvolvidos que se pode aprofundar o conhecimento desse problema. Isso até hoje me parece algo definitivo: reconhecemos que somos algo à parte, que temos problemas criados historicamente no nosso contexto próprio, ou caímos na irrealidade de dizer que nós somos países atrasados porque estamos numa fase um pouco anterior à que outros já estiveram. Os outros nunca estiveram onde nós estamos, essa é a diferença essencial".

Examinado à luz de um projeto nacional capaz de integrar os mais pobres, o cosmopolitismo recauchutado das classes endinheiradas e remediadas revela o seu caráter *parasitário* e anti-republicano. Parasitário, sim, porque amparado na internacionalização e na financeirização da riqueza e da renda dos estratos superiores, na diferenciação do consumo dos segmentos médios, implica numa modernização restrita da economia, com seu séqüito de destruição de empregos e exclusão social.

Post-Scriptum

O deslocamento da nossa compreensão dos fenômenos políticos, econômicos e sociais está submetido à lógica do espetáculo. O estardalhaço muito intenso quanto às aparências esconde, sempre, o problema de fundo, a raiz do fenômeno. Um político corrupto, ou um juiz do mesmo naipe, por exemplo, pode ter um cartaz de *procura-se*, com seu rosto estampado nos jornais e aeroportos de todo o país. O Mal se concentra naquele vilão momentâneo, até que a notícia perca o seu impacto. No entanto, as relações de poder e ideológicas que permitem o surgimento e o êxito de um personagem como esse nunca são tocadas. O que nos oferecem é uma sucessão de superficialidades, uma imagem de Brasil desfigurada e ilegível. Vem daí a sensação de impotência que nos acomete, diante de tanta coisa errada. Como reagir quando entre a nossa realidade imediata e a solução dos nossos problemas não existem pontes?

Merval Pereira

Quem viver, verá

Houve tempo em que eu não apenas acreditava que o Brasil tem jeito, como tinha certeza de que viveria para ver o país atingir um grau de desenvolvimento europeu, comparável talvez ao de Portugal ou da Espanha ou, quem sabe, até mesmo ao da Itália. Hoje, continuo otimista, mas não tanto a ponto de acreditar que estarei vivo para ver essa transformação. Volta e meia surge no cenário internacional um estudo prospectivo que coloca o Brasil entre as prováveis potências emergentes nos próximos anos, seja mais imediatamente, como num recente trabalho do Conselho de Inteligência Nacional dos Estados Unidos, que nos inclui entre as grandes potências em nada menos que 15 anos, ou a prazo mais longo, como o da consultoria financeira Goldman Sachs, divulgado em 2003, em que o Brasil surge como a quinta maior economia do mundo daqui a 50 anos.

O fato de os estudos apontarem na mesma direção mostra que a percepção internacional positiva sobre a capacidade de crescimento de nossa economia é generalizada. O filósofo francês Jean Baudrillard dá mais valor a acontecimentos depurados pelo tempo histórico do que àqueles do tempo real da informação, tão em voga em nosso dia-a-dia com o advento dos noticiários *on-line*. Esse "tempo histórico" é fixado pelos historiadores em ciclos de 20 ou 25 anos, tempo de uma geração, período suficiente para que mudanças se cristalizem e passem a fazer parte da história de um povo.

Nesse período de tempo, já se sabe que é possível mudar um país. A China cresce a uma média de 10% ao ano nos últimos 25 anos, e já é a quinta economia do mundo. Da mesma forma, a Índia já vai para o 15º ano seguido de um crescimento médio de 6% ao ano, e se transformou no novo fenômeno da economia mundial. Na década de 1970, quando o economista Edmar Bacha criou o país fictício "Belíndia", mistura da pequena e rica Bélgica com a pobre Índia, para criticamente definir as desigualdades sociais brasileiras, a situação era outra. A "Belíndia" já não serve mais para definir a situação do país hoje, mais de 30 anos passados. Menos por que tenhamos melhorado nesse período – e melhoramos – e mais por que a Índia progrediu muito mais.

Uma análise do aumento de nossa renda *per capita* mostra que até 1980, o Brasil cresceu mais que a média mundial. Segundo estudo do empresário Paulo Cunha, do Instituto de Estudos para o Desenvolvimento Industrial (Iedi), de 1900 a 1980, a renda *per capita* brasileira cresceu em média 3,04%, enquanto a renda mundial cresceu 1,92%. O período de maior desenvolvimento foi entre 1950 e 1980, quando o país aumentou em média 4,39% sua renda *per capita*, para um crescimento médio mundial de 2,83%. Nesse período, o Brasil figurou entre os dez países mais dinâmicos do mundo. A partir daí, houve uma redução de 90% do ritmo de crescimento *per capita* – de 4,39% para 0,43% de 1980 a 2004.

Se a renda *per capita* brasileira tivesse crescido até hoje à mesma taxa do período de 1900 a 1980, estaríamos com 35% da renda dos norte-americanos, próximos do Chile e melhor que o México. E se tivéssemos crescido mais aceleradamente, ao ritmo registrado entre 1950 e 1980, estaríamos hoje com 48% da renda norte-americana, semelhante à de Portugal. Ao contrário, se de 1900 a 2004 a renda *per capita* tivesse crescido no ritmo dos últimos 25 anos, a nossa renda seria equivalente a 18% da atual, o que corresponderia às rendas do Quênia e da Nigéria. Estaríamos entre os 15 países mais pobres do mundo. Não é à-toa que muitos economistas e historiadores hoje, ao tentar atualizar a parábola da "Belíndia", procuram referências com a África: seríamos a "Beláfrica", ou a "Belcongo" (do antigo Congo Belga).

Mas os dados divulgados pelo IBGE na Pesquisa Nacional de Amostra por Domicílio (PNAD), e interpretados pela Fundação Getulio Vargas, que revelaram uma melhora na distribuição de renda do país e a redução da miséria em 2004, mostram que a manutenção, nos últimos dez anos, de uma política econômica que privilegia o equilíbrio fiscal e o controle da inflação é essencial para esses avanços, que se destacam quando ocorre o crescimento econômico. Crescer fortemente com inflação baixa é uma combinação de forças positivas que só experimentamos em poucas ocasiões nesse período.

De fato, o presidente Luiz Inácio Lula da Silva comemorou os resultados da PNAD 2004 com um exagero peculiar, dizendo que os números demonstrariam que a desigualdade começou a diminuir no país depois de 20 anos. Não é isso que as estatísticas mostram. É verdade que desde 1995, no segundo ano do Plano Real, a pobreza não caía tanto no Brasil, e que 2004 foi o menos desigual dos últimos 20 anos. Mas o índice de Gini, que mede a concentração de rendas nos países, mostra uma tendência consistente de melhoria nos últimos dez anos, embora com estagnações em alguns momentos.

Variando de 1 a 0, o índice de Gini funciona da seguinte forma: quanto menor o valor, menos concentrada é a renda. Em 1993, antes do Plano Real, ele era de 0,600 e em 1995 caiu para 0,585. Em 1996 e 1997, com um crescimento médio do PIB de 3%, o índice ficou estagnado, pois o aumento do PIB *per capita* foi de apenas 1,5%. Entre 1999 e 2001, o PIB *per capita* teve crescimento negativo, e o índice de Gini ficou estagnado, apesar de no ano 2000 o crescimento econômico ter sido de 4,4%. Em 2003, início do governo Lula, a estagnação econômica e a inflação alta aumentaram a miséria, com a elevação do PIB de apenas 0,5% e uma renda *per capita* negativa de 0,9%. O que melhoramos em 2004, com o crescimento do PIB de quase 5%, perdemos ano passado, ficando com um crescimento do PIB *per capita* de menos de 1%.

Mesmo com todas as melhoras, ainda estamos abaixo da média latino-americana. Em 1990, nossa nota era 0,60. Na metade da década de 1990 caiu para 0,58 e em 2001 atingiu 0,56. No Relatório de Desenvolvimento Humano 2004, elaborado pelo Programa das Nações Unidas para o Desenvolvimento (PNUD), o Brasil aparece com índice de 0,576, quase no final da lista de 127 países, sendo que apenas sete deles apresentam maior concentração de renda. No relatório de 2005, com base no crescimento de 2004, que será divulgado este ano, o índice deve melhorar sensivelmente, o que dará um bom mote eleitoral, mas piorará com o crescimento pífio de 2,3% do ano passado.

O índice de Gini da América Latina é de 0,52. Esse mesmo índice nos Estados Unidos é de 0,46 e na Europa, 0,35. A boa notícia é que a melhora da distribuição de renda demonstrada pelo índice de Gini, nesses últimos dez anos, foi alcançada apesar do crescimento médio do PIB de apenas 2,4%, tendo o PIB *per capita* aumentado em média apenas 0,9%. Em contraponto, até a década de 1980, o Brasil foi um dos países que mais cresceram no mundo, e nem por isso chegou a posições invejáveis no que toca a distribuição de renda. É aí que entra uma nova maneira de ver o desenvolvimento de um país, pela ótica da melhoria permanente da qualidade de vida, e não apenas pela acumulação de riquezas medida pelo Produto Interno Bruto.

O guru dessa linha econômica é um prêmio Nobel de Economia, o indiano Amartya Sen, idealizador do Índice de Desenvolvimento Humano (IDH), que vê fatores fora da economia como fundamentais para a avaliação de uma nação. Há desenvolvimentos notáveis em ditaduras como a China, que cresce à média de 10% ao ano há muito tempo, mas convive com pressões políticas e sociais que terão conseqüências no futuro; e em democracias como Botsuana, que cresce a 6% ao ano desde 1966 e é um oásis na África, embora não consiga conter o surto de Aids que dizima sua população.

A redução da miséria brasileira começou com o Plano Real e se acentuou em 2001, com expressiva distribuição de renda, outro resultado da constância da política econômica. O Brasil alcançou a primeira das Metas do Milênio definidas pela Organização das Nações Unidas (ONU), que deveria ser alcançada apenas em 2015: reduziu a miséria pela metade. O número de pessoas que ganham pelo menos US$1 por dia caiu de 12,41% em 1993 para 5,33% em 2004, e a proporção de pobres reduziu-se de uma média de 42,9% da população entre 1981 e 1993 para 33,6% entre 1995 e 1999, o que confirma a tendência constante de melhora.

Mas o que precisamos fazer para que essa melhora seja permanente e mais eficaz? Nos cursos de gestão empresarial é contada uma história que exemplifica bem a nossa situação no mundo globalizado:

"Era uma vez dois caçadores numa floresta, já sem munição, quando surge um leão. Enquanto um deles se preparava para correr, o outro tira da mochila um par de tênis especial e põe-se a calçá-lo, calmamente. O que corria parou, espantado, e alertou: 'Não adianta, o leão corre muito mais que você'. Ao que o outro respondeu: 'Eu não preciso correr mais que o leão. Só preciso correr mais que você.'"

Precisamos correr mais que nossos competidores na selva da economia internacional e, em que pese o sucesso das exportações, não estamos conseguindo, travados por altas taxas de juros, a maior carga tributária do mundo e um Estado que gasta muito e mal. O que devemos fazer para que o país seja melhor dentro de dez, 15 anos? Precisamos ter um projeto de desenvolvimento de longo prazo.

O debate não poderia ser mais atual: como superar o que os economistas Fábio Giambiaggi e Armando Castelar chamam de "trilema da atuação estatal", que contrapõe a estabilidade macroeconômica ao tamanho do gasto público e à qualidade desse gasto, para que seja possível fazer tanto as políticas compensatórias para os mais carentes, quanto realizar os investimentos públicos, especialmente em saúde e educação, que no futuro tornarão dispensáveis essas mesmas políticas compensatórias?

Há 20 anos, desde a redemocratização, passando pela Constituinte de 1988, o Brasil vive o dilema de tentar saldar sua "dívida social" com políticas compensatórias, sem que seus políticos se convençam, e consigam convencer a opinião pública, de que o país precisa de uma agenda mais focada no desenvolvimento de longo prazo, na certeza de que os governos podem melhorar a vida das pessoas se melhorarem a qualidade dos gastos públicos.

A capacidade de planejamento de longo prazo, recuperada com a implantação do Plano Real, ainda depende de muitas coisas, desde de como vai se definir o sistema regulatório, até quais são as regras do jogo para os investimentos produtivos. A necessidade de darmos segurança jurídica aos nossos investidores é um dos pontos fundamentais para alcançarmos um desenvolvimento sustentado de longo prazo. Um trabalho dos economistas Edmar Bacha, André Lara Resende e Pérsio Arida, três dos pais do Plano Real, aponta o que chamam de "incerteza jurisdicional" como principal responsável pela necessidade dos juros altos.

Não existe um mercado de crédito de longo prazo no país por causa dos juros altos, e as razões básicas para isso seriam duas: a possibilidade de mudanças repentinas nas regras do jogo por parte do governo, e as interpretações dos tribunais, que não dão segurança aos contratos. Os autores do trabalho sugerem várias reformas para reduzir o nível de intervenção do governo na economia, desde a conversibilidade total da moeda brasileira, até a extinção de impostos que impedem as empresas de crescer.

Entre os estudiosos, há um consenso: é o peso do Estado que impede o nosso crescimento. Confirmando a tendência do último quarto de século, o Brasil entra em 2006 com o segundo menor crescimento do PIB da América Latina e do Caribe, superando apenas o sofrido Haiti, onde ironicamente uma força de paz da ONU comandada pelo Brasil tenta pôr um pouco de ordem no país mais pobre do continente. A média anual de crescimento da América Latina e do Caribe foi de 4,3%, puxada para baixo pelo desempenho da economia brasileira, que ficou atrás dos dois países que mais cresceram na região, a Venezuela de Chávez, com 9%, ajudado pelos preços do petróleo, e a Argentina de Kirchner, com 8,6%. (Ambos, na verdade, vinham de "crescimento negativo" anterior, em função do ambiente de alta instabilidade política nesses países, e, por isso, apresentam crescimento tão expressivo na volta.)

Para a Comissão Econômica da ONU para a América Latina (Cepal), a economia brasileira continuará puxando para baixo a média da região este ano, que ficará pouco acima de 4%. A previsão da Cepal é de um crescimento brasileiro não maior que 3%, mais pessimista até mesmo que a previsão oficial do Instituto de Pesquisa Econômica Aplicada (Ipea), que é de 3,6%, e bem abaixo da "garantia" do presidente Lula de um crescimento próximo de 5%. É provável que o Brasil cresça numa média anual em torno de 2,6% nos quatro anos do mandato de Lula, segundo Reinaldo Gonçalves, professor de economia internacional da Universidade Federal do Rio de Janeiro (UFRJ). Se confirmado, o índice de desenvolvimento econômico do país em relação à economia mundial, de 2003 a 2006, será negativo, o terceiro pior resultado desde 1901, numa lista que considera 25 presidentes da República. Melhor apenas que João Goulart e Fernando Collor.

É verdade que mesmo com o crescimento asiático de 8,6%, a Argentina só agora retornou à renda *per capita* que tinha em 1998. E que a economia brasileira continua sendo a maior da região. Mas, como num mundo globalizado a competição entre as economias é permanente, os números mostram que o país vem perdendo competitividade desde 1980. Os recentes indicadores de competitividade internacional mostram que o Brasil caiu oito posições, e o México outras sete, e essa é a maior razão para a América Latina estar fora do foco dos investidores internacionais: a região está ficando para trás na corrida globalizada.

Embora as economias sejam semelhantes em tamanho, a rapidez da Índia é maior que a de Brasil e México. Mas nosso país teria vantagens competitivas a explorar: não temos ajustes a fazer em nossa cultura com relação à União Européia e aos Estados Unidos;

temos paz em nossas fronteiras, em contraponto aos problemas da Índia com o Paquistão. A Índia, que se gaba de ser a maior democracia do mundo, tem 17 línguas diferentes e 22 mil dialetos. O Brasil, uma democracia consolidada, tem uma única língua e uma única nacionalidade, ao contrário de Índia e China, cada qual com seus problemas de divisões em castas ou disputas, no caso da China, com Taiwan. E temos ativos que são estratégicos a longo prazo, como um dos maiores reservatórios de água do mundo, e fontes de energia como petróleo, gás, e alternativas como os biocombustíveis, especialmente o etanol.

É também importante constatar que os estudos que mostram Brasil, Índia e China como potências econômicas do futuro, concordam que esses países emergentes, mesmo chegando a se transformarem em gigantes econômicos do ponto de vista do Produto Interno Bruto, permanecerão com grandes desigualdades sociais, e por isso terão uma renda *per capita* menor que os países europeus ou que os Estados Unidos e o Japão. O documento do Conselho de Inteligência Nacional norte-americano prevê, por exemplo, que o PIB da China será maior que o de todas as potências ocidentais ao longo dos próximos 15 anos, ficando abaixo apenas dos EUA. O da Índia vai suplantar ou, no mínimo, será igual ao das economias européias. Mas os dois países terão em 15 anos populações de mais de 1,3 bilhão e, por isso, o padrão de vida não se aproximará do Ocidente.

Já segundo a Goldman Sachs, as dez maiores economias do mundo dentro de 50 anos serão, pela ordem, China, Estados Unidos, Índia, Japão, Brasil, Rússia, Inglaterra, Alemanha, França e Itália. Pelas projeções, os cidadãos das potências emergentes continuarão sendo mais pobres na média que os cidadãos dos países do G-6 de hoje, com exceção da Rússia. E problemas educacionais e de infra-estrutura atrasarão o desenvolvimento de Índia e Brasil.

Não há mais dúvida de que a educação é o ativo mais importante para a mobilidade social, é fator de melhoria de produtividade e de redução de desigualdade. Quanto maior o nível de pobreza, mais difícil é reduzi-la através apenas do crescimento econômico. Entre os pontos altos da vasta rede de proteção social que vem sendo criada no Brasil nesses últimos dez anos, destacam-se o Bolsa-Família, que unifica os diversos programas sociais que vinham sendo implantados como o Bolsa-Educação e o Bolsa-Alimentação.

Esse programa, no entanto, com o tempo, foi ganhando contornos cada vez mais assistencialistas, relegando a um segundo plano o caráter inclusivo original. Já não é prioritário o controle da freqüência escolar, nem os cuidados médicos da família, que davam aos projetos originais um caráter de inclusão social. Isso faz com que o governo, com fins eleitorais, só aumente os beneficiários desse programa, numa inversão do que deveria ser a medida de sucesso de planos de inclusão social, que tem êxito quando conseguem reduzir o número de excluídos.

Ainda no campo da educação, o Fundo de Manutenção e Desenvolvimento do Ensino Fundamental e de Valorização do Magistério (Fundef) promoveu uma transformação radical na estrutura de financiamento do ensino fundamental no país. Deu tão certo que hoje o governo petista está preparando o lançamento do Fundeb, para todo o ensino básico. A universalização do ensino básico obrigatório fez com que, nos últimos dez anos, pulasse de apenas 71% para 94% o índice de crianças pobres matriculadas nas escolas, e agora é preciso cuidar da qualidade desse ensino. As diferenças de renda estão diretamente associadas à diferença de escolaridade, perpetuando as desigualdades.

A desigualdade na educação na América Latina, que provoca a desigualdade na distribuição de renda, é gritante, segundo pesquisa do Banco Mundial. Os 10% mais ricos, que detém 48% da renda nacional, têm em média 12 anos de estudos. Já os 30% mais pobres têm apenas dois anos. Isso faz com que a diferença na América Latina entre o maior e o menor salário chegue a 160 vezes, enquanto nos Estados Unidos é de 60 vezes e na Europa de 45 vezes.

Uma das questões mais sérias com que se defrontam tanto Índia e China quanto Brasil e Rússia – os quatro países que formam a sigla "Brics" e que estarão no topo da economia mundial nos próximos 50 anos, de acordo com o estudo da consultoria financeira Goldman Sachs – é a distribuição de renda. A China anunciou este ano a intenção de dobrar o PIB nos próximos cinco anos, e dobrar também o PIB *per capita*, que é hoje de apenas mil dólares e não está nem na lista dos cem maiores entre todos os países, embora a economia chinesa já seja considerada por alguns critérios a quinta do mundo. O Brasil é a 10ª ou 11ª economia do mundo, mas, em termos do PIB *per capita*, ocupa a rabeira das listas. Em 2005, a renda *per capita* dos brasileiros ficou próximo a quatro mil dólares. O que torna importante o estudo mais recente coordenado pela CIA, do ponto de vista brasileiro, é a análise de que há a possibilidade de "potencial forte aliança" entre China, Índia, Brasil e Indonésia, o que faria surgir "não apenas um novo e poderoso bloco, como também provocaria transformações significativas na geopolítica mundial".

É o que declaradamente procura o governo brasileiro, nas palavras do presidente Lula, anunciando que pretende construir uma nova "geografia comercial" para podermos ter importância geopolítica na América Latina, algo que nos torne interlocutores obrigatórios nas negociações internacionais. O projeto brasileiro é ambicioso, e tem como objetivo criar, com a união do Mercosul (Brasil, Argentina, Paraguai e Uruguai) e o Pacto Andino (Venezuela, Colômbia, Equador, Peru e Bolívia), um pólo econômico que se contraponha aos blocos já existentes na Comunidade Européia, nos Estados Unidos com a Nafta e na Ásia, algo que também force uma negociação vantajosa da Área de Livre Comércio das Américas (Alca).

O G-20, que reúne na Organização Mundial do Comércio (OMC) países tão diversos como o Brasil, a Índia, a Austrália, a China, a Argentina e a África do Sul, representa outro passo na direção de tentar montar parcerias estratégicas. O documento do Conselho de Inteligência Nacional prevê que nesses próximos 15 anos, com o aprofundamento das conexões do comércio global, a hegemonia dos Estados Unidos sofrerá desgastes, e instituições como a OMC, as Nações Unidas, o Fundo Monetário Internacional e o Banco Mundial correrão o risco de se tornarem obsoletas se não se ajustarem às mudanças que serão provocadas pelo surgimento desse novo pólo de poder.

É o que está acontecendo na ONU, onde o Brasil está em campanha agressiva para obter um lugar permanente no Conselho de Segurança. Assim como na Organização Mundial do Comércio, o Brasil também montou na ONU uma parceria com a Alemanha, o Japão e a Índia, formando o G-4, membros praticamente certos para entrarem no Conselho se houver a reformulação. Mas não são apenas os organismos estrangeiros que fazem trabalhos prospectivos em relação ao Brasil. Um dos mais interessantes, produzido pela Secretaria de Assuntos Estratégicos (SAE) da Presidência da República, ao tempo do governo Fernando Henrique, sob a coordenação do hoje embaixador do Brasil na ONU, Ronaldo Sardenberg, foram os cenários exploratórios para o desenvolvimento, batizados com nomes de origem tupi como para reafirmar o caráter nacionalista dos estudos.

O melhor deles, que nos colocava em 2020 como "potência econômica sólida e modernizada", chamou-se Abatiapé, nome de um tipo de arroz amazônico. Nele, teríamos PIB europeu e renda *per capita* semelhante à da Itália de hoje. O cenário menos róseo, chamado Baboré – um arbusto da região amazônica –, nos colocava entre a Espanha e Portugal, e embora crescêssemos menos, seríamos mais bem-sucedidos na redução dos desequilíbrios sociais, com apenas 4% de pobres. O pior cenário era muito apropriadamente chamado de Caaetê, uma região da Amazônia que inunda com as enchentes. Nele, viveríamos em uma economia estagnada, num quadro de instabilidade "em larga medida decorrente da não concretização das reformas estruturais". No cenário internacional, o recrudescimento do protecionismo agravaria a vulnerabilidade do país.

Os cenários otimistas embutem uma previsão de crescimento de 4% a 5% ao ano para o país. Como ficamos pela metade nos últimos 11 anos, em parte pela série de crises internacionais, em parte porque não fizemos as tais reformas estruturais, teremos de crescer pelo menos a 7% ao ano para chegarmos ao mesmo fatídico 2020 em condições de realmente participar desse mundo globalizado como protagonistas. Crescer a 7% ao ano para a economia brasileira é uma missão quase impossível, embora já tenha sido realizada antes. Fazer crescer nossa economia e distribuir renda, portanto, parece ser a grande tarefa do próximo presidente.

O fato é que, depois de 11 anos de estabilidade econômica, estamos mais para Caaetê do que para Abatiapé. Qual será o futuro do Brasil até 2007, tempo que abrange o final do mandato do presidente Lula, o período eleitoral e o primeiro ano do próximo governo?

Com nomes tão sugestivos quanto o otimista "a vitória da persistência", que ainda é o mais provável, até o alarmante "naufrágio à vista", que por enquanto está descartado, a empresa Macroplan, do economista Cláudio Porto, fez também suas análises.

O cenário otimista, com manutenção da política econômica, avanços localizados na gestão pública e na agenda microeconômica, e indicadores econômicos e sociais mais modestos, seria o ideal. A vitória da persistência combinaria um contexto internacional favorável com a melhoria das condições internas de governança e governabilidade, o que sustentaria a essência da política macroeconômica e o avanço da agenda microeconômica, diz o estudo. Dessa combinação resultariam impactos positivos nos indicadores econômicos e a expansão dos investimentos produtivos, levando a uma trajetória de crescimento da economia e do emprego, o que consolidaria uma ampla coalizão governamental e a popularidade do presidente, e melhoria nos indicadores sociais. Esse cenário otimista, no entanto, ficou contaminado pelo ambiente político dos últimos meses.

Uma variante menos otimista combinaria "a manutenção da política econômica com avanços modestos na gestão pública e na agenda microeconômica", resultando em "indicadores econômicos e sociais mais modestos". O cenário de sedução do populismo "torna-se mais provável, especialmente em 2006, à medida que o quadro político e as condições de governabilidade vierem a se deteriorar com maior intensidade, e candidaturas oposicionistas se multiplicarem".

Esse cenário de "sedução do populismo" está ficando mais próximo: prevê a fragilização da base de sustentação parlamentar do governo; persistências das dificuldades gerenciais do Estado, especialmente no campo das políticas sociais; o recrudescimento de pressões por mudanças na política macroeconômica, aliada à rejeição de novos aumentos da carga tributária e do gasto público.

Segundo o estudo, a trajetória do Brasil nos próximos 20 anos dependerá da combinação de duas incertezas críticas: como se dará a inserção do Brasil na economia e na sociedade mundiais?; e com que extensão e intensidade se dará a inclusão social no Brasil nesse período?

No cenário mais otimista, chamado de "desenvolvimento integrado", o Brasil alcança níveis altos de desenvolvimento, com uma economia moderna e integrada de forma competitiva no cenário internacional, e forte inclusão social. Nesse caso, o país terá um Estado regulador forte, e com presença ativa nas áreas social, regional e ambiental. Chegaria assim em 2025 com altos indicadores sociais e níveis decrescentes de desigualdades. O Chile atual seria um bom "paradigma qualitativo".

De fato, o Chile vem se destacando nos principais *rankings* internacionais como a mais competitiva economia latino-americana. No estudo do World Economic Forum (WEF), divulgado este ano, aparece em 19º lugar, enquanto o Brasil está em 51º. O Chile é classificado como em vias de entrar para o primeiro mundo.

No cenário seguinte, o de "modernização excludente", o Brasil consolida-se como uma economia moderna, fortemente integrada ao sistema econômico mundial, mas é uma sociedade na qual coexistem altos níveis de pobreza e de riqueza. O país possui um Estado enxuto e concentrado nas funções de regulação, educação, saúde e segurança. O Brasil dos anos 1990 seria o paradigma.

O cenário "C" é o do "crescimento endógeno": uma economia de médio porte, cujo crescimento encontra-se ancorado, sobretudo, no dinamismo do mercado interno e na forte integração regional. Nesse cenário, o país teria optado por um projeto de desenvolvimento nacional endógeno, com ênfase na melhoria da qualidade de vida e na redução das desigualdades sociais. Priorizando o seu desenvolvimento interno, o Brasil chegaria a 2025 como uma sociedade altamente integrada, com moderada desigualdade social e baixos índices de pobreza. O exemplo seria a Hungria de hoje.

O último cenário é denominado "decadência com exclusão", e o paradigma é a Venezuela de Hugo Chávez. O Brasil atravessaria um longo período de baixo dinamismo econômico e de desorganização de suas instituições. O país seria dominado por crises, instabilidade política e fortes incertezas, que acentuariam a vulnerabilidade a restrições externas e dificultariam a modernização produtiva e a inclusão social. Desse modo, o país chegaria a 2025 com uma sociedade dual, que exibiria fortes desigualdades sociais e regionais, e revelaria crescente distanciamento das nações competitivas.

Esse cenário torna-se possível a partir da eventualidade de uma vitória pessoal do presidente Lula nas eleições presidenciais. Sem apoio no Congresso, desligado dos partidos políticos e com a popularidade pessoal distanciada da sua equipe de governo, Lula poderia ser tentado num segundo mandato a adotar o "lulismo", uma variação do "chavismo". Não é provável, porém, que se disponha a isso, embora esteja utilizando a máquina do Estado para apoiar sua candidatura e abrindo mão do equilíbrio fiscal para distribuir bondades entre os eleitores, especialmente os de baixa renda e no funcionalismo público.

Por trás dos números positivos atuais da economia, com o risco-país caindo a níveis históricos, há uma ameaça clara: com os gastos públicos crescendo do jeito que estão, é inevitável o aumento da carga tributária no próximo ano. A rejeição a essa medida já apareceu quando a Receita tentou elevar os impostos para as empresas prestadoras de serviços, o que atingiria em especial os profissionais liberais, ou seja, a classe média.

Esse não é um fenômeno típico do governo Lula, mas foi exacerbado nele: entre 1995 e 2003, a receita corrente cresceu de 34,4% para 42,3% do PIB; já a despesa corrente aumentou de 39,9% para 45,3% do PIB. No mesmo período, a receita tributária subiu de 28,4% para 34% do PIB. Os economistas estimam que a carga tributária tenha chegado perto de 38% no ano passado. O Estado brasileiro cresce a um ritmo de cerca de 10% ao ano nos últimos dez anos, e de maneira mais perversa ainda no governo Lula, que aparelhou a máquina estatal com contratações políticas e dividiu o governo entre os petistas e seus aliados políticos.

O governo, que prevê um aumento de arrecadação de dez bilhões de reais este ano, alega que não elevou a carga, mas melhorou a arrecadação. Carga tributária, porém, significa a soma de tudo o que é arrecadado, dividido pelo PIB, e cada vez que ela aumenta, diminui a capacidade de investimento do setor privado. Algumas medidas tomadas pelo governo nos últimos meses antes da eleição só fizeram agravar a situação: o aumento real de cerca de 12% do salário-mínimo, com repercussão direta no déficit da Previdência e na pressão de demanda sobre a inflação; o aumento da folha salarial de 29% para os civis e 10% para os militares, e o aumento de verba para o programa Bolsa-Família, que passará a gastar R$11 bilhões em 2006. Os gastos do governo são cada vez maiores com juros, previdência e programas assistenciais, não há espaço para investimentos, constatam os economistas.

O diagnóstico é único: o Brasil gasta mal os recursos disponíveis, mesmo quando se excluem as contas financeiras e previdenciárias. A Previdência custa hoje cerca de 12% do PIB, mas é crescente no tempo. Para manter esse superávit primário e o resto constante, há essa bola de neve. Apesar de todas as reformas realizadas nos governos de Fernando Henrique Cardoso e de Lula, ainda resta atacar o déficit da Previdência no setor privado. Separar o aumento do salário-mínimo do das aposentadorias é uma das medidas mais necessárias e polêmicas. Também é preciso fixar um limite de idade para a aposentadoria no setor privado, pois o Brasil é, juntamente com Irã e Iraque, um dos três únicos países no mundo que não exige idade mínima para a aposentadoria.

O Estado investe menos na formação de crianças do que nos aposentados, investe menos no seu futuro do que no passado. Mas, mesmo esquecendo os 12% da Previdência e os 4% dos juros reais, de um gasto público de 37% do PIB aproximadamente, sobram 21% do PIB para o Estado gastar, nas contas do economista Luiz Guilherme Schymura, do Ibre-FGV. O Chile gasta cerca de 18%

do seu PIB com tudo, e tem melhor qualidade de serviços públicos. Na Argentina, o Estado custa cerca de 24% do PIB, no México também. Gasto público mal feito está ligado aos juros altos, porque o Estado precisa gerar o superávit de 4,25% do PIB para manter a relação dívida-PIB sob controle. A única maneira de aumentar a despesa, então, é aumentar a carga tributária.

O superávit tem de ser alto porque o Estado gasta muito, e quase sempre com desperdícios. Uma medida que poderia ser salutar, mas que é "politicamente incorreta" e encontra resistências nos políticos, é a desvinculação das verbas orçamentárias, especialmente da saúde e da educação, em troca de mais eficiência dos gastos nesses setores. Enquanto mesmo os mais pessimistas prevêem que a médio e longo prazos o juro real brasileiro acabará caindo, reduzindo a carga fiscal do serviço da dívida pública, nem mesmo os mais otimistas conseguem antever uma reforma da Previdência que reduza o gasto como proporção do PIB — o melhor cenário é o de se estancar o dispêndio no nível que se encontra no momento em que as mudanças forem introduzidas.

Alguns estudos mais recentes mostram que a redução da pobreza no país deveu-se mais à ampliação do mercado de trabalho, mesmo com a redução dos salários médios, do que a programas assistencialistas como o Bolsa-Família, o que é um bom sinal. A flexibilização das leis trabalhistas, um projeto que foi colocado em banho-maria graças ao ano eleitoral, poderia desonerar as empresas e melhorar ainda mais o mercado de trabalho.

O Brasil é um país que está sendo inteiramente reformado em sua legislação de maneira sistemática desde os anos 1980, e mais decididamente há pelo menos dez anos, desde a implantação dos primeiros passos do que viria a ser o Plano Real, ainda no governo de Itamar Franco, com Fernando Henrique no Ministério da Fazenda. A agenda de reformas, especialmente a da Previdência e a tributária, com a reorganização do Estado, passou pelos oito anos do tucanato e entrou na Era Lula sem grandes alterações, o que representou um avanço institucional imprevisto e benfazejo, mas continua inconclusa e, pior que isso, muito desigual.

Um bom exemplo é a abertura da economia: no início desse processo, éramos a terceira economia mais fechada do mundo, e hoje, depois de muitas reformas feitas e muitas outras por fazer, continuamos praticamente no mesmo lugar. Abrimos nossa economia, mas os outros abriram muito mais. Para chegar a ser a quinta economia do mundo em 2050, o Brasil terá de crescer em média 3,6% nos próximos anos. O problema é que nos últimos 50 anos o crescimento médio do Brasil foi de 5,3%, mas caiu nos últimos 20 anos devido à crise da dívida externa.

O crescimento médio da última década foi de 2,9%, e nos últimos 20 anos caiu para pouco acima de 2%. Segundo as projeções da Goldman Sachs, o Brasil deveria crescer de 2005 a 2010 6,3% em média ao ano, o que parece estar descartado desde já. Para que tenhamos essa trajetória de "desenvolvimento integrado" nos próximos 20 anos, e recuperarmos o tempo perdido, será preciso que prevaleça o cenário de "vitória da persistência", ou seja, temos de prosseguir no projeto de reformas estruturais, o que é mais difícil e doloroso numa democracia como a brasileira do que numa ditadura como a chinesa, ou num hiperpresidencialismo, como na Rússia. Mas certamente é mais saudável e permanente.

Mas toda essa numeralha, todos esses estudos prospectivos e toda essa perspectiva de futuro não terão conseqüência sem um forte projeto político por trás, que consolide as vontades da sociedade e as dirija para o mesmo objetivo de construir um grande país, menos desigual e mais solidário. Seja qual for o governo que venha a ser eleito, não terá condições de transformar esse projeto de nação em realidade se não der início a uma reforma nas estruturas políticas do país, fundamental para que o próximo governo tenha mais estabilidade.

As reformas estruturais que ainda precisam ser feitas só sairão do papel se houver um consenso na sociedade, o que só se conseguirá com a convocação de uma Assembléia Constituinte restrita, com prazo definido para terminar e que se dedique aos pontos fundamentais para o nosso desenvolvimento – o sistema tributário, o pacto federativo, e a reforma política. Os constituintes seriam eleitos apenas para essa tarefa, enquanto o Congresso funcionaria normalmente, com deputados e senadores eleitos para a legislatura normal.

Uma assembléia que possa rediscutir receitas e despesas, e também os encargos e deveres dos entes federativos, imaginar o impacto na cadeia produtiva do país, para reduzir a carga tributária e ter mais dinheiro para investimento na produção e na infra-estrutura. Também somente numa Constituinte se poderia avançar na reorganização do sistema político-partidário brasileiro, que, com a Constituição de 1988, consolidou o voto proporcional e o poder dos pequenos partidos. Numa república fragmentada pelo sistema político, que favorece a individualização do voto e estimula a independência do eleito diante da legenda que o abriga, organizar uma maioria que garanta a governabilidade transforma-se quase sempre em uma barganha de baixos instintos.

Um passo importante será dado com a adoção das cláusulas de barreira, que entram em vigor nas eleições de 2006 e servirão para depurar os partidos políticos. Com a exigência de 5% de votos nacionais, com pelo menos 2% em no mínimo nove estados, dos 22 partidos em atuação no Congresso teremos possivelmente apenas seis ou sete com representação no Congresso, o que melhorará a relação do Legislativo com o Executivo.

Essa reforma política não poderá deixar de se ater com atenção ao sistema de financiamento de campanhas eleitorais, e discutir uma mudança do sistema de votação, talvez até mesmo com a adoção de listas fechadas e, provavelmente, do voto distrital misto, que já estava proposto, por meio de uma emenda constitucional enviada, no governo Figueiredo, pelo ministro-chefe da Casa Civil, Leitão de Abreu, mas cuja adoção foi rejeitada pela Constituição-Cidadã.

O fato é que com as cláusulas de barreira em vigor, a verticalização das coligações partidárias se tornará quase natural, com os partidos mais ligados a seus programas e menos propensos a vender apoios legislativos em troca de "mensalão". Só assim teremos as condições políticas para, com governos estáveis, avançarmos no nosso desenvolvimento e concretizar o que parece ser o nosso destino de grande nação, que, no entanto, nunca se realiza.

Fabiano Santos

Três teses equivocadas sobre a política eleitoral brasileira

Introdução

A América do Sul vê seu mapa político promover importante inflexão a partir das eleições presidenciais de Hugo Chávez na Venezuela, Luiz Inácio Lula da Silva no Brasil, Nestor Kirchner na Argentina, e, mais recentemente, Tabaré Vazquez no Uruguai, Evo Morales na Bolívia, e Michelle Bachelet no Chile. Mais que uma guinada à esquerda, nota-se, nos países andinos, a emergência do tema da inclusão de indígenas, secularmente marginalizados da vida política desses países e, nas nações do Cone Sul, juntamente com o Brasil, impõe-se o desafio de uma agenda alternativa a que vinha dando o tom da vida política dessas nações, a saber, reformas estruturais, pró-mercado, sendo a aposta, naquele momento, que estes seriam os meios mais eficientes para o crescimento econômico e a diminuição da pobreza e desigualdade social. Em países como Chile e Uruguai, o desafio apenas começa. No Brasil e na Argentina, aproxima-se o momento de avaliação das tentativas de se aliar estabilidade econômica com crescimento e inclusão social, juízo a ser feito por quem realmente interessa – o eleitor.

Em nosso país, as eleições de 2006 devem provocar grandes emoções. Logo após as eleições municipais de 2004, até meados de 2005, o cenário político brasileiro transcorria com relativa tranqüilidade, sendo o resultado do pleito presidencial vindouro dado, por grande parte dos analistas, como favas contadas. De fato, os níveis de avaliação positivos do governo e da pessoa do presidente, adicionados ao bom desempenho da economia e à falta de um forte competidor na oposição – José Serra havia acabado de se eleger prefeito de São Paulo – apontavam para um desfecho inevitável e monótono de reeleição do presidente Lula.

O mês de junho de 2005, como sabemos, provocou uma reviravolta no quadro até então existente. As denúncias de corrupção, provocadas por desavenças no interior da base aliada ao governo, a criação da CPI, a admissão de culpa por parte de membros importantes do PT, a intensa campanha de ataques em boa parte da imprensa, atingindo diariamente o presidente e os ministros centrais da atual administração, acabaram por derrubar de maneira contundente os índices de apoio, além de alçar como favorito nas próximas eleições o adversário de Lula no segundo turno de 2002 – o mesmo recém-eleito prefeito de São Paulo, José Serra. Contudo, passados alguns meses do período mais turbulento e incerto da crise, Lula voltou a crescer nas pesquisas e a despontar como forte competidor para outubro de 2006.

De que forma deve-se apreender as idas e vindas da atual conjuntura e pensar o país a partir do próximo mandato presidencial? O que deve ser a campanha de 2006 e seus impactos para a condução do governo e o comportamento dos partidos no período pós-eleitoral? O objetivo deste ensaio é o de promover breve reflexão em torno das perguntas acima formuladas, vez por outra, apoiada em um pequeno conjunto de evidências. Ao enfrentar tais questões, meu objetivo mais específico é o de discutir os méritos e lacunas existentes em três argumentos de razoável circulação no atual debate político em nosso país e, por meio dessa discussão, argumentar que o processo político brasileiro recente apresenta razoável estabilidade, o que indica o paralelismo da experiência brasileira com a dos países chamados desenvolvidos.

As três teses são: a da semelhança entre os principais contendores das três últimas eleições principais; a da viabilidade de uma terceira via para a eleição presidencial; e a da importância do tema "corrupção" no quadro eleitoral. Contra a primeira, argumento que a aparente proximidade de PT e PSDB expressa, em verdade, a luta travada por essas agremiações pela confiança do eleitor de centro, o voto decisivo que possibilita a conquista do governo. Como o eleitor a ser alcançado é um e o mesmo, o eleitor de classe média, os apelos a serem feitos pelos partidos que desejam seu voto serão, por conseguinte, semelhantes. Todavia, isto não impede que diferenças importantes também façam parte do jogo político e que tais diferenças apareçam no processo decisório de governos controlados pelo PT, por um lado, e pelo PSDB, por outro. Contra a segunda tese, argumento que uma proposta de terceira via é ilusória e até certo ponto perigosa. Se a terceira via imaginada é um partido de centro, ele se encontra espremido entre a hegemonia exercida pelo PT à esquerda e pela dupla PSDB/PFL pela centro-direita – a tentativa de radicalizar o discurso e assim caminhar para alguma das extremidades redundará em fracasso eleitoral, já que estas se encontram ocupadas. Se a terceira via é de extrema esquerda ou direita e opta por uma estratégia de pureza, mantendo-se o discurso extremado, então, por definição, poucas chances eleitorais existirão para esta alternativa. Uma saída seria a terceira força recorrer ao tema da corrupção – contra essa possibilidade argumento que a experiência brasileira de se votar com base em alegações de corrupção não produziu bons resultados e que esse tema é, na verdade, um *dirty issue*.

Na próxima seção, trato da primeira tese, sendo as seções 3 e 4 reservadas para a análise crítica das teses 2 e 3, respectivamente. Na seção 5, concluo voltando às questões inicialmente formuladas sobre o significado das eleições de 2006 para o nosso desenvolvimento político.

Primeira tese: A suposta semelhança entre PT e PSDB

A tabela 1 apresenta informações sobre a distribuição de cadeiras pelos principais partidos na Câmara dos Deputados desde o início da redemocratização em 1982. Tomando-se a definição de um partido grande – tendo em vista o padrão de tamanho dos partidos no Brasil – como aquele que obteve pelo menos 10% das cadeiras nessa casa legislativa e que, além disso, alcançou representação em pelo menos dois terços dos estados, então o que se percebe é um quadro de estabilidade. Isso porque, na verdade, a única variação relevante no que diz respeito às elites partidárias ocorridas desde 1982 é o

	PORTE DO PARTIDO				NPE
	Fortes	Intermediários	Pequenos	Nanicos	
% representação total nas UFs	mais de 2/3	De 1/3 a 2/3	De 20% a 1/3	até 20%	
% cadeiras na Câmara	10% ou mais	De 5 a 10%	De 1 a 5%	até 1%	
1982	PDS 49,1% PMDB 41,8%		PDT 4,8% PTB 2,7% PT 1,7%		
1986	PMDB 53,4% PFL 24,2%	PDS 6,8%	PDT 4,9% PTB 3,5% PT 3,3%	6 partidos (3,8%)	2,8
1990	PMDB 21,5% PFL 16,5%	PDT 9,1% PDS 8,3% PRN 8% PTB e PSDB 7,6% PT 7%	PDC 4,4% PL 3,2% PSB 2,2%	8 partidos (4,8%)	8,7
1994	PMDB 20,9% PFL 17,3% PSDB 12,1% PPR 10,1%	PT 9,6% PP 7% PDT 6,6% PTB 6%	PSB 2,9% PL 2,5% PC do B 1,9%	7 partidos (3%)	8,1
1998	PFL 20,5% PSDB 19,3% PMDB 16,2% PPB 11,7% PT 11,3%	PTB 6% PDT 4,9%	PSB 3,7% PL 2,3% PC do B 1,4%	8 partidos (2,8%)	7,1
2002	PT 17,7% PFL 16,4% PMDB 14,4% PSDB 13,8% PPB* 9,6%	PL 5,1% PTB 5,1%	PSB* 4,3% PDT* 4,1% PPS* 2,9% PC do B* 2,3%	8 partidos (4,4%)	8,5

Fonte: Santos e Villarouca 2004
* Em 2002, PSB, PDT, PPS e PCdoB alcançaram representação em 9, 12, 10 e 10 UFs, respectivamente
** Número de Partidos Efetivos

fato de o antigo PDS, hoje PP, ter deixado de ser "grande", e o PT, ter deixado a categoria dos "pequenos", num primeiro momento, e, depois, a dos "intermediários", para tornar-se membro do seleto grupo dos "grandes" a partir de 1998. Entrementes, partidos como o PFL e o PSDB, hoje dois partidos importantes no cenário político, foram gerados, de fato, de dissidências das principais agremiações brasileiras desde a ditadura, respectivamente, a Arena e o MDB, logo em seguida, transmutadas em PDS e PMDB. Sendo assim, não seria absurdo afirmar que a competição partidária no Brasil se organiza mediante um sistema de cooperação e conflito entre quatro agremiações principais, quais sejam, PT, PMDB, PSDB e PFL.

Os dados constantes da tabela 1 fazem referência ao quadro partidário no Legislativo, em particular à câmara baixa, mas e a competição para o Executivo nacional? Seu formato se assemelha ao processo verificado no Congresso? O quadro I a seguir fornece dados sobre os resultados dos pleitos eleitorais para a Presidência da República desde 1989, levando-se em conta apenas os votos, em primeiro turno, obtidos pelos três candidatos mais bem votados.

Verifica-se, basicamente, que o quadro de estabilidade constatado no caso do Legislativo também é verdadeiro para as eleições presidenciais. Desde 1989, ano da primeira eleição direta para presidente após 29 anos, o PT é o principal concorrente dos setores à esquerda do espectro político. Pelo lado conservador, a partir de 1994, o PSDB, aliado ao PFL em 1994 e 1998, tem sido a opção preferencial do eleitorado. Note que o PMDB, o partido mais bem organizado, forte no Legislativo e nos Executivos estaduais, deixou de lançar candidatos em 1998 e 2002, e obteve apenas 8,9% dos votos com Ulysses Guimarães em 1989 e 4,4% dos votos com Orestes Quércia em 1994. Na próxima seção, veremos que tais resultados são mais uma prova da lógica centrípeta inerente à política brasileira desde a redemocratização.

Ao fazer menção aos termos "esquerda" e "centro-direita" imediatamente surge à mente pelo menos duas importantes indagações. A primeira delas decorre da associação da aliança PSDB/PFL ao rótulo "centro-direita" e a segunda do fato de que o PT, no governo,

Quadro I:
Percentual de votos obtidos pelos três candidatos mais votados nas eleições presidenciais: 1989-2002

1989	
Collor (PRN)	**30,5**
Lula (PT)	**17,2**
Brizola (PDT)	**16,5**
1994	
FHC (PSDB)	**54,3**
Lula (PT)	**27,0**
Enéas (PRONA)	**7,4**
1998	
FHC (PSDB)	**53,1**
Lula (PT)	**31,7**
Ciro Gomes (PPS)	**11,0**
2002	
Lula (PT)	**46,5**
Serra (PSDB)	**22,7**
Garotinho (PSB)	**9,6**

Fonte: www.iuperj.com.br - Dados Eleitorais do Brasil.

pouco se diferenciou do partido de Fernando Henrique Cardoso ao longo de seus oito anos na Presidência. A resposta a essas objeções é relativamente simples e se trata na verdade de um dos motivos pelo qual o processo político brasileiro tem-se aproximado cada vez mais com o que se passa nas chamadas "democracias maduras".

A razão pela qual PT e PSDB são os partidos mais bem-sucedidos nas eleições presidenciais é conseqüência de uma lei básica da política eleitoral em pleitos majoritários: vence a eleição quem conquistar a confiança do eleitor de centro[1]. Por mais complexa que possa parecer a vida política nas sociedades modernas, em essência existe uma e fundamental clivagem em torno da qual se aglutinam

1 Inúmeras obras na ciência política moderna fazem referência ou se utilizam da teoria do eleitor mediano para analisar eleições, votações nominais no Congresso, organizações de coalizões e composição partidária de ministérios. As obras clássicas são a de Black (1957) e Downs (1958). Mais recentemente, Cox (1990) publica excelente análise aplicando a teoria em contextos institucionais diversos.

as forças políticas de uma nação na ordem capitalista: os atores políticos que se organizam em torno do mundo do trabalho e os atores que se organizam a partir do capital. A replicação dessa clivagem no âmbito das idéias se expressa no famoso *continuum* ideológico direita-esquerda ao longo do qual se posicionam partidos, líderes, eleitores, grupos de interesse e formadores de opinião. Ora, o ponto aqui não é saber se, por exemplo, o PSDB é, em essência, um partido de centro, centro-direita ou centro-esquerda, mas sim o de se constatar que a partir da década de 1990, com a implantação das reformas orientadas para o mercado no Brasil, esse partido se tornou, em aliança com o PFL, a opção mais competitiva e confiável para o eleitor de inclinação conservadora em nosso país. O simétrico e inverso dessa proposição é exatamente o fato, menos incontroverso, de ser o PT a opção mais competitiva e confiável do eleitor de esquerda para controlar o governo.

Então, a verdade nua e crua da política brasileira, por mais simplória que possa parecer, é que PT e PSDB têm sido os partidos que, aglutinando votos, respectivamente, à esquerda e direita do espectro ideológico, se posicionam melhor diante do eleitor de centro, responsável pelo voto de minerva em uma eleição majoritária. Os motivos que levaram a esse resultado são uma discussão à parte. Todavia, pode-se incluir entre eles, pelo lado do PT, o fato de ter se originado nos sindicatos e nos movimentos sociais, de nunca ter adotado uma ideologia oficial, de ter adotado estratégias de organização e mobilização sofisticadas, regras internas rigorosas, recrutamento cuidadoso etc. Pelo lado do PSDB, sem sombra de dúvida, sobressai a enorme capacidade de atrair, desde suas origens, excelentes quadros técnicos e ter tido uma forte base de apoio em São Paulo. Uma crítica que se faz a este estado de coisas é que na verdade esses dois partidos seriam em tudo semelhantes, não sendo o eleitorado capaz, por conseguinte, de diferenciá-los em sua essência, muito menos de encontrar uma alternativa que signifique uma genuína alteração de prioridades e agenda no âmbito governamental. Responderei a esse último repto na próxima seção, deixando para o final da presente, atacar o primeiro.

A semelhança entre os principais contendores à Presidência no Brasil, como de resto, no mundo das chamadas "democracias maduras", não decorre de uma essência comum aos dois partidos, PT e PSDB, muito menos da vontade, interesse e idéias dos líderes de tais agremiações. Decorre da natureza da competição, que exige a montagem de coalizões complexas e multifacetadas, além do fato de serem os itens que mais preocupam os eleitores decisivos, os mesmos para quem quer que esteja bem posicionado – vence quem tiver mais credibilidade junto a esse eleitor para dar conta de tais itens, uma vez no governo.

É bom lembrar que os itens fundamentais da agenda do eleitor mediano brasileiro geram pressões até certo ponto contraditórias sobre o governo: ao mesmo tempo que se exige a estabilidade monetária, deseja-se ardentemente crescimento e mais emprego. Ao mesmo tempo que se pressiona por gasto social, luta-se por aumento da renda e diminuição da carga fiscal. Nesse sentido, é compreensível que sucessivos governos, em aparência, promovam as políticas até certo ponto semelhantes. Não obstante, essa aparência cai por terra após uma visão mais pormenorizada do que tem acontecido ao longo do governo de Luiz Inácio Lula da Silva e do que ocorreu durante os oito anos do governo Fernando Henrique Cardoso. Em primeiro lugar, é fato incontestável que há divergência gritante entre partidos como o PT, PSB e PCdoB por um lado, e PSDB e PFL, por outro, no que tange aos meios para se alcançar o desenvolvimento. Enquanto o primeiro conjunto de partidos propõe um setor público mais pró-ativo, o segundo tem em sua agenda o aprofundamento das políticas de privatizações, de enxugamento do setor público e reforma das relações trabalhistas. Enquanto o primeiro conjunto de partidos possui uma agenda externa voltada para a integração regional e o diálogo, e para a tentativa de abrir mercados em países do terceiro mundo, o segundo discorda dessa orientação, privilegiando as relações históricas de cooperação com as nações desenvolvidas, especialmente os EUA. Isso para não falar na radicalização das políticas de transferência focalizada de renda para a população de pobres e muito pobres, levada a cabo pelo governo Lula, e criticada como assistencialista por muitos membros da oposição.

Pelas razões apontadas acima, a tese da semelhança entre PT e PSDB não tem sustentação plausível, embora seja verdadeiro o fato de que a política macroeconômica, idêntica em seus fundamentos no governo Lula ao que ocorreu em boa parte do governo anterior, interponha limites significativos ao que o governo pode ou não realizar. E esse hiato, entre a expectativa do que seria realizado e o que efetivamente se alcançou em termos de crescimento e inclusão social, gera a impressão de semelhança entre os partidos de Lula e FHC, impressão que desvanece após escrutínio cuidadoso das evidências.

Segunda tese: a suposta existência de uma terceira via

A segunda tese a ser examinada encontra-se intimamente associada à primeira e sua refutação seguirá lógica semelhante ao argumento feito acima. A convicção sobre a proximidade entre os partidos que têm sido mais bem-sucedidos nas eleições presidenciais produz a aparente necessidade de se achar uma alternativa política para o país, uma "terceira via", uma força que, livre das inclinações ideológicas e da constelação de interesses existentes por detrás de tais agremiações, possa de fato estabelecer e realizar uma agenda de crescimento e inclusão social. A tese é tão frágil quanto perigosa. Começo analisando sua fraqueza para depois apontar os riscos presentes na crença em torno de uma "terceira via".

Como argumentei acima, em uma eleição majoritária, isto é, aquela na qual é eleito o competidor que conquistar 50% + 1 dos votos, o(a) candidato(a) vitorioso(a) é aquele(a) que obtém, para além de razoável, apoio em uma das extremidades do espectro político ideológico do eleitorado e a confiança do eleitor colocado no centro desse mesmo *continuum*. Melhor dizendo, o vitorioso é aquele que, partindo do apoio consolidado à esquerda ou à direita, posições em geral menos suscetíveis às idas e vindas da conjuntura, consegue a adesão do eleitor de centro. Pelo menos três conseqüências importantes daí decorrem:

a) Obviamente, serão mais competitivos os partidos que tiverem um histórico e uma trajetória bem consolidados de articulação com os grupos de interesse, *inteligentsia* e movimentos sociais vinculados à esquerda, por um lado, e à direita, por outro. Maiores chances de sucesso estão nas mãos daquele que, mantendo o apoio de sua base tradicional de apoio, acena de forma crível para o eleitor de centro. Veja que o eleitor na extremidade, por mais descontente que possa estar com a moderação do discurso e prática de seu candidato "natural", não encontra alternativa a não ser votar nesse mesmo candidato, já que a outra opção é deixar o adversário da extremidade contrária vencer.

b) Partidos colocados no centro do espectro apresentam menores chances de vitória, uma vez que para fazer campanha e, assim, ampliar seu leque de apoio, precisam alcançar os eleitores situados em uma das extremidades. Ao fazê-lo, porém, radicalizam o discurso, criando tensões no interior de seu próprio partido e afugentando, por conseguinte, os eleitores colocados no centro do espectro. Essa situação gera a imagem de um candidato "espremido" na disputa entre dois fortes adversários que, vindo das extremidades, moderam o discurso e "roubam" seu eleitorado original, já que a este interessará votar em alguém realmente competitivo e que impeça a vitória do adversário mais temido.

c) Partidos que nascem em uma das extremidades e fazem campanhas radicalizadas não têm como prosperar eleitoralmente. Isso é óbvio, pois para aumentar seu patrimônio de votos precisariam moderar o discurso, tornando-se palatáveis para eleitores ao centro do espectro.[2]

---

2 De novo, Cox (1990) é a melhor referência para uma análise da alternativa de centro "espremida".

As três proposições acima explicam o que tem acontecido na política brasileira desde a transição, especialmente no que se refere às eleições presidenciais, e devem servir de horizonte para quem observa o cenário eleitoral vindouro. Ao mesmo tempo revela por que a tese de viabilidade da "terceira via" é tão frágil.

A comprovação da primeira proposição é de fácil verificação. Basta lembrar que as candidaturas mais fortes ao longo das três últimas eleições são justamente o PT, o qual, aglutinando forças à esquerda do espectro, tem buscado a adesão da classe média e eleitores sem inclinação ideológica mais consolidada; e o PSDB que, em coligação com o PFL, aglutina as forças conservadoras, sobretudo em torno deste último, e parte para a conquista dos eleitores ao centro, especialmente por meio do discurso e do perfil do primeiro. Não custa acrescentar, em apoio ao argumento, que o PSDB perde as eleições justamente no momento em que a aliança com o PFL se desfaz, e o PT concorre com o PL, um partido de centro-direita, o que forneceu credibilidade à moderação de seu discurso.

A segunda proposição pode ser entendida como o segredo dos sucessivos fracassos do PMDB nas eleições presidenciais. A crônica política costuma creditar à traição pessoal e à falta de caráter político de membros do partido o fato de terem sido abandonadas as candidaturas de Ulysses Guimarães, em 1989, e de Orestes Quércia, em 1994. Contudo, a verdade é que tais candidaturas nasceram e estacionaram no centro do espectro político, sendo, por isso mesmo, e seguindo o argumento da segunda proposição, espremidas por fortes candidaturas vindas das extremidades em direção ao centro. O abandono de correligionários na direção de alternativas não passou de movimento antecipatório e estratégico dos atores políticos em busca de melhor acomodação em um futuro não muito promissor. Por último, não é preciso perder muito tempo na coleta de evidências em favor da última proposição – não lembro de candidaturas extremadas que tenham sido bem-sucedidas nas eleições e não vejo razões, seja de ordem conceitual, tal como exposto na proposição, seja de ordem empírica, a partir de sondagens de opinião pública, que possam indicar o contrário.[3]

Fiz referência não apenas à fragilidade de tese da terceira via, mas também a seus riscos. Suponha que, por algum "choque exógeno", alguns dos partidos que têm sido bem-sucedidos nas últimas eleições presidenciais percam apoio, prejudicando sua performance eleitoral. Suponha também que novas candidaturas, de partidos ao centro e na extremidade do espectro político, surjam, tentando se aproveitar do vazio político causado pelo terremoto. Suponha, ademais, que esses partidos e candidaturas se apresentem como "verdadeiras alternativas" colocadas à disposição do eleitor, capazes de redefinir a agenda pública, transformar prioridades, reinventar, enfim, o Brasil, viabilizando uma rota de crescimento econômico e inclusão social. Suponha, finalmente, que alguma dessas candidaturas se torne bem-sucedida e se viabilize eleitoralmente. O que se deve imaginar como conseqüência de tal cenário?

Em política, quase nada é impossível, mas tudo tem sua lógica. Uma candidatura de "terceira via", se eleita, governará diante dos mesmos problemas, com as mesmas restrições e contradições das demandas e pressões advindas da sociedade e do ambiente externo. Ao mesmo tempo que o eleitor deseja estabilidade monetária, deseja crescimento e emprego. Ao mesmo tempo que deseja diminuição da carga tributária, demanda mais gasto social e melhores serviços públicos. Os detentores de títulos públicos serão os mesmos e não terão seus interesses modificados simplesmente porque alguém é eleito se dizendo "a real alternativa a tudo que está aí". Tempos de

---

3 A análise explica uma tendência, não dando conta de todos os fatos ocorridos na política eleitoral que se conhece. Por exemplo, nas últimas eleições havidas nos EUA, George Bush sai vitorioso após campanha eminentemente radicalizada. Contudo, é preciso lembrar que esse pleito teve fortes conotações plebiscitárias, sendo o tema do "terrorismo" o *issue* decisivo. Ou seja, o pânico foi o principal motor da decisão eleitoral do cidadão médio norte-americano e não a justa ponderação das principais questões da agenda interna do país. Então, é perfeitamente possível, embora não desejável, que campanhas radicalizadas sejam vitoriosas, mas isso depende de circunstâncias e conjunturas especiais e no mais das vezes infelizes.

campanha são tempos de campanha. Um governo, uma vez eleito, para que possa de fato governar, deve levar em conta os interesses e demandas dos que possuem real poder de barganha e pressão.[4] Em suma, o mais provável, em um cenário no qual emerge e se elege uma candidatura alternativa ao PT, juntamente com aliados à esquerda e ao centro, e à dupla PSDB/PFL, é que seu governo seguirá as linhas adotadas até o momento em termos de responsabilidade macroeconômica e padrão de gasto público, sob pena de criar uma situação de extrema instabilidade, colocando em xeque sua própria sobrevivência como governo.

O perigo de uma "terceira via" consiste justamente em sua inconsistência como projeto político. A hipótese da derrota de uma candidatura com esse perfil é a mais provável e, então, o discurso não terá passado de uma saudável presença no debate político, elemento crítico, a ser levado em conta no momento de se pensar a agenda, o país e seus problemas. A hipótese de vitória é assustadora porque no momento em que uma candidatura com esse perfil assume terá, para se viabilizar enquanto governo, de seguir as mesmas estratégias e parcerias seguidas pelos governos passados, provocando no eleitorado uma sensação ainda maior de frustração e decepção *vis-à-vis* as instituições partidárias e democráticas de uma maneira geral.

Terceira tese: a suposta importância do *issue* "Corrupção"

Uma dúvida persiste: por que a insistência na tese da terceira via? Abstraindo-se a avaliação pejorativa e, como se viu, equivocada a respeito do significado da polarização PT *versus* PSDB/PFL na política brasileira, é pertinente questionar os motivos que levam boa parte dos analistas e atores políticos a imaginarem que é não só possível e desejável, mas também provável o sucesso de uma alter-

---

4 Com isto não quero dizer que um governo tenha de se submeter a grupos organizados, mas sim que a interlocução com os agentes centrais da estrutura econômica e social é um passo importante para a estabilidade e eficiência da agenda de governo.

nativa aos dois pólos que vêm predominando nas eleições presidenciais. Na atual conjuntura, o tema da corrupção parece ser o mote fundamental de candidaturas que pretendem apresentar-se como o "novo" na vida democrática de nosso país. Não só isso, a própria oposição tucano/pefelista, estimulada por seus principais líderes, tenta fazer do *issue* corrupção o principal ponto do debate eleitoral vindouro.

De fato, a crise que se abateu sobre o PT desgastou a imagem do governo e do presidente, implicando uma verdadeira reviravolta na percepção que se tinha do que seria o cenário eleitoral de 2006. Embora difícil mensurar o peso das denúncias sobre a dimensão do desgaste sofrido, a verdade é que uma reeleição tranqüila deu lugar a uma conjuntura incerta na qual o tema da corrupção, como em outros episódios da vida política brasileira, ocupa espaço privilegiado no discurso da oposição, em suas diversas matizes.

É alta a probabilidade de que a disputa eleitoral seja um embate em torno do item que mais pesará na decisão do eleitor, petistas e governo lutando para que questões ligadas à economia e ao social tenham mais força que o tema da corrupção, por um lado, e, por outro, tucanos/pefelistas insistindo que os ganhos porventura existentes naquelas dimensões são pequenos diante da gravidade do desvio ético cometido por membros do partido do presidente. É claro que não pretendo objetar a relevância conferida à questão da ética e da transparência na condução do governo. Defendo, contudo, que o processo de aperfeiçoamento das práticas governamentais é um de longo curso, sendo a origem do problema "corrupção" remota e de difícil solução no curto prazo. Partidarizar o tema da corrupção, sobretudo, não parece ser resposta razoável para um fenômeno cuja raiz repousa no modo pelo qual o capitalismo se constituiu no Brasil, com um histórico de dependência de empresas e grupos econômicos *vis-à-vis* o Estado.

Mas a presença do *issue* corrupção nas eleições presidenciais não é apenas danosa por transmitir a ilusão de que pode ser tratado por meio de uma simples alternância de partidos no poder. É também prejudicial por razões residentes na própria lógica do comportamento eleitoral nas sociedades de massas. O debate em torno da competência do cidadão comum para exercer as tarefas dele exigidas em um regime representativo é bastante intenso, não cabendo neste ensaio analisá-lo em todas as suas nuances.[5] O que se pode afirmar com tranqüilidade é que duas correntes principais dominam a cena: um primeiro conjunto de autores defende a hipótese de acordo com a qual as decisões a serem tomadas em uma democracia de massa são mais complexas que a capacidade cognitiva do cidadão comum pode suportar;[6] o segundo grupo é mais otimista quanto à competência política dos eleitores em geral ao enfatizar o papel que as instituições cumprem no sentido de auxiliá-los no exercício da racionalidade em momentos de decisão política.[7]

No primeiro caso, os eleitores são representados como seres voláteis, que consomem informação e respondem a ela de maneira afetiva, sem filtros capazes de associar a produção dos dados a seus interesses de mais longo prazo, bem como a relação destes mesmos dados com os temas fundamentais da agenda pública. Essa é a teoria do eleitor impressionista,[8] instável, que encontra dificuldades quase que intransponíveis para exercer graus razoáveis de racionalidade em seu processo decisório – isto é, o eleitor é vítima da própria incapacidade de relacionar eventos no mundo político, sobretudo o de prever os possíveis efeitos de suas ações sobre os fenômenos da política. No segundo caso, os eleitores são representados como seres que selecionam as fontes de informação política e são capazes, em determinadas circunstâncias, de fazê-lo de maneira minimamente eficiente – isto é, optando por aquelas ações e decisões que melhor traduzem seus interesses. Controvérsias à parte, algum con-

---

5 Dois volumes que sintetizam a atual discussão sobre comportamento político a partir de novos aportes da psicologia experimental, ciência cognitiva e ciências sociais são Lupia, McCubbins e Popkin (2000); e Kuklinski (2001).

6 Ver, principalmente, Kuklinski e Quirk (2000) e Sears (2001).

7 Ver, principalmente, Lupia e McCubbins (1998) e Lupia e McCubbins (2000).

8 As obras de referência da teoria do eleitor impressionista são a de Converse (1964) e, mais recentemente, Zaller (1992). Para uma boa contraposição, ver Sniderman, Tetlock e Elms (2001).

senso existe quanto ao fato de serem os cidadãos mais consistentes em suas decisões quando decidem em torno de fatores mais estruturais da vida política, tais como partidos, grupos sociais, ideologia e lideranças bem estabelecidas, e menos consistentes quando constroem juízos com base em características mais restritas e de curto prazo.[9] Em outras palavras, os eleitores são mais ponderados na ocasião em que são chamados a escolher seu representante e governo do que quando são convocados a decidir sobre questões da agenda pública, como em plebiscitos e referendos.

Veja o exemplo do partido político. Por que ele é tão fundamental no regime representativo? Basicamente porque as agremiações partidárias são uma das fontes centrais da busca eficiente de informação em um regime representativo. O partido cumpre a relevante função de associar o voto dado por um eleitor em candidatos a um perfil de agenda de políticas públicas a ser perseguido pelo candidato caso este venha a ser eleito.[10] A informação sintetizada no partido é um dos veículos mediante os quais os eleitores são levados a apoiar os diversos candidatos em uma pugna eleitoral. Quando os partidos falham, as decisões se tornam mais erráticas e os eleitores mais sujeitos a adotar cursos de ação prejudiciais, com base em informação de curto prazo, em temas específicos, desprovidos de relações com a complexidade inerente à agenda governamental em uma economia capitalista, plural, marcada pela diversidade de conflitos e clivagens. Por isso, é tão importante preservar os partidos no contexto de uma disputa eleitoral – isso estabiliza o processo decisório do cidadão comum, em geral incapaz de reconhecer os mecanismos de causa e efeito característicos do mundo político.

Uma crise desencadeada por denúncias de corrupção não é propriamente um aspecto estrutural da vida política. Aliás, o tema

---

9 Ver Kuklinski e Quirk (2001).

10 Esta é famosa teoria do partido como veículo, fator síntese de transmissão de informação política. Ver Downs (1957), e a excelente apropriação para a análise da moderna política norte-americana, como a brasileira, supostamente apartidária, feita por Kiewiet e McCubbins (1993).

corrupção é apenas um tema, um *dirty issue*, como diriam os teóricos da comunicação política, a partir do qual o eleitor não é capaz de derivar uma agenda de políticas públicas para o país. Em outras palavras, uma campanha eleitoral cujo mote principal é a corrupção assume contornos de um plebiscito em um contexto no qual, como se viu, o eleitor se torna menos ponderado, mais afetivo do que propriamente capaz de associar o posicionamento dos diversos candidatos a questões centrais da agenda do país. Em suma, campanhas marcadas pelo *issue* corrupção não costumam dar em bom resultado político – na experiência brasileira, basta lembrar as duas eleições presidenciais em que isso aconteceu, em 1960, com a vitória de Jânio Quadros, e em 1989, com a vitória de Fernando Collor; lembrar as conseqüências políticas dessas decisões do eleitorado e concluir que para o bem do país é preciso que os principais partidos e candidatos apresentem sua agenda para o país.[11]

Conclusão

Procurei mostrar ao longo deste ensaio que três argumentos muito em voga no atual debate político brasileiro sofrem de deficiências importantes. A tese da semelhança entre PSDB e PT peca por não perceber que a semelhança não reside nos partidos, mas na natureza das demandas do eleitor decisivo em eleições majoritárias: o eleitor de centro. A tese da terceira via escorrega ao defender que uma candidatura alternativa a esses partidos e eventualmente bem-sucedida possa se apresentar ao eleitor com condições mínimas de viabilidade política, radicalmente distintas das praticadas pelos governos recentes. E, por fim, a tese da corrupção erra ao conferir peso des-

[11] É certo que no cenário atual os principais beneficiados por uma eventual derrota do PT por conta do *issue* corrupção seriam o PSDB e o PFL, partidos que definitivamente não podem ser rotulados de anti-sistema. Todavia, dois problemas permanecem na eventualidade de uma campanha plebiscitária em torno do tema corrupção: 1) o perigo da aliança PSDB/PFL ser também alvejada por denúncias, provocando imenso sentimento de mal-estar cívico no bojo de uma campanha; 2) o desperdício de energias em torno de um tema que, como mostrei, é um *dirty issue*.

mesurado a um *issue* plebiscitário a partir do qual não se vislumbra uma agenda consistente de enfrentamento dos principais problemas brasileiros. Segundo minha análise, portanto, a eleição de 2006 será decisiva no sentido de se saber o que afinal o eleitor deseja: um retorno às políticas orientadas para o mercado e de redução do papel do setor público na vida econômica e social, como quer a parcela mais orgânica e consistente da oposição? Ou manter a aposta numa lenta e gradual volta do Estado como ator central no processo de desenvolvimento com distribuição de renda, um desenvolvimento de perfil mais redistributivo? A decisão do eleitor brasileiro será fundamental não apenas no *front* interno, pois deverá afetar a geopolítica do território sul-americano.

Para retomar, então, a discussão com a qual iniciei este ensaio, como avaliar a experiência brasileira de um governo de coalizão liderado por um partido de esquerda e quais são as perspectivas para o embate eleitoral que se aproxima? Que impactos terá a eleição brasileira sobre a dinâmica política da América do Sul? Um primeiro ponto a ser levado em consideração, a partir de uma ótica de mais longo prazo, consiste na natureza da agenda enfrentada pelos presidentes no continente sul-americano ao longo da década de 1990 e no início do novo século. Crises inflacionárias agudas e de endividamento, somadas a um contexto econômico internacional restritivo impuseram a todos esses países a necessidade de reestruturar as relações seculares do setor público com o privado. Para além das questões de mérito das reformas estruturais promovidas ao longo desse período, importa notar que a reação a esse contexto varia significativamente entre os países. Naqueles em que a esquerda se organizou no formato de um partido ou de uma coalizão de partidos competitivos, as clivagens políticas são subsumidas pelo tradicional contínuo esquerda-direita. Para pôr a questão em termos técnicos, a dinâmica política é regida por temas passíveis de serem aglutinados em um espaço unidimensional. Nos casos de Brasil, Chile e Uruguai e agora também na Argentina, com a inflexão do Partido Justicialista, sob a liderança de Nestor Kirchner, as agremiações de esquerda têm se apresentado ao eleitorado como opção viável para a conquista do poder e com uma proposta de políticas públicas alternativas às que levaram a maioria dos países da América do Sul a gravíssimas crises sociais e econômicas. É claro que nesses mesmos países, o desafio se coloca no sentido de se saber até que ponto é possível equilibrar as várias demandas identificadas sobre o governo: manter a estabilidade monetária, aumentar o emprego e a renda, e diminuir a desigualdade em ambiente democrático e de respeito aos contratos e direitos de propriedade.

Os casos de Bolívia, Venezuela e, possivelmente, Equador e Peru representam uma realidade na qual a esquerda não se organizou sob o formato de partidos competitivos, ou um contexto no qual estes sofreram as conseqüências da nova fragmentação e do realinhamento partidário, onde o conflito político transborda para a multidimensionalidade, o que tem se expressado através da eclosão de movimentos, com forte conotação étnica e a emergência de líderes fortemente identificados com as populações indígenas, tradicionalmente marginalizadas do processo político e social. Nesse ambiente, o desafio é o de domesticar o sentimento de frustração e exclusão por anos acumulados naquelas populações e estabelecer um cronograma crível de crescimento, distribuição de renda e redistribuição do poder simbólico na sociedade – o que certamente não ocorre sem idas e vindas e algum grau de instabilidade.[12]

Curioso observar que uma variável básica para o destino político desse último conjunto de países consiste nas escolhas políticas para o continente adotadas pelo Brasil. Nos últimos anos, sob a orientação de Lula, a escolha tem sido a de, embora mantendo os laços de cooperação com os parceiros comerciais tradicionais (EUA e Comunidade Européia), assumir um papel de porta-voz das demandas de

12 O argumento contido nos dois últimos parágrafos encontra-se mais bem desenvolvido em Anastasia, Melo e Santos (2004).

nossos vizinhos da América do Sul por mais equilíbrio e justiça no cenário econômico e político internacional.[13] Ao mesmo tempo, o país tem procurado intermediar e auxiliar na solução de conflitos no interior de algumas dessas nações. Sabe-se que políticas que visem a estabilidade monetária, promovam o crescimento econômico e redistribuam a renda tornaram-se uma exigência do eleitor brasileiro – os meios para atingi-las é que podem variar. Resta agora saber se o exercício de um papel mais pró-ativo no cenário internacional, a partir de parcerias e blocos de atuação com países vizinhos também se transformará em política de Estado. Para além de semelhanças entre os partidos, de terceiras vias e histeria em torno da corrupção, a decisão eleitoral de 2006 tem tudo a ver com isso.

Referências

ANASTASIA, Fátima, MELO, Carlos Ranulfo F. de e SANTOS, Fabiano (2004). *Governabilidade e Representação Política na América do Sul*, São Paulo: Editora da Unesp e Fundação Konrad Adenauer.

BLACK, D. (1958). *The Theory of Committees and Elections*. Nova York: Cambridge University Press.

CONVERSE, P. (1964). "The Nature of Belief Systems in Mass Politics", in D. APTER, *Ideology and Discontent*. Nova York, The Free Press.

COX, G.W. (1990). "Centripetal and Centrifugal Incentives in Electoral Systems", in *American Journal of Political Science*. 34: 903-35.

DOWNS, A. (1957). *An Economic Theory of Democracy*. New York: Harper-Collins.

KIEWIET, R. e MCCUBBINS, M. (1993). *The Logic of Delegation: Congressional Parties and the Appropriations Process*. Chicago: The University of Chicago Press.

KUKLINSKI, James H. (org.) (2001). *Citizens and Politics: Perspectives from Political Psychology*. Nova York: Cambridge University Press.

---

13 Na verdade, a diplomacia de Lula retoma uma tradição iniciada pelo governo do presidente Ernesto Geisel nos idos de 1975. A diferença em relação à atual conjuntura são duas: 1) a postura é assumida por um governo de centro-esquerda em um contexto democrático; 2) o tema da integração regional não fazia parte da agenda da política externa naquele contexto.

KUKLINSKI, James H. e QUIRK, Paul (2000). "Reconsidering the Rational Public: Cognition, Heuristics, and Mass Opinion", in Lupia, Arthur, McCubbins, Mathew e Popkin, Samuel, *Elements of Reason: Cognition, Choice, and the Bounds of Rationality*. Nova York: Cambridge University Press.

LUPIA, Arthur e McCUBBINS, Mathew D. (1998). *The Democratic Dilemma: Can Citizens Learn What They Need to Know?* Nova York: Cambridge University Press.

LUPIA, Arthur, McCUBBINS, Mathew D. e POPKIN, Samuel (orgs.), 2000. *Elements of Reason: Cognition, Choice, and the Bounds of Rationality*. Nova York: Cambridge University Press.

SANTOS, Fabiano e VILLAROUCA, Márcio Grijó (2004). "Panorama de las instituciones democráticas en Brasil bajo la égide de la Constitución de 1998", in Hofmesiter, Wilhelm (org.), *Reformas Políticas en América Latina*. Rio de Janeiro: Fundação Konrad Adenauer.

SEARS, (2001). "The Role of Affect in Symbolic Politics", in Kuklinski, James H., *Citizens and Politics: Perspectives from Political Psychology*. Nova York: Cambridge University Press.

SNIDERMAN, P., TETLOCK, P.E. e ELSM, L. (2001). "Public Opinion and Democratic Politics: The problem of Nonattitudes and Social Construction of Political Judgment", in Kuklinski, James H., *Citizens and Politics: Perspectives from Political Psychology*. Nova York: Cambridge University Press.

ZALLER, (1992). *The Nature and Origins of Mass Opinion*. Nova York: Cambridge University Press.

Este livro foi composto pela Textos e Formas,
em Swis721 e Acaslon, e impresso pela
Bartira Gráfica em julho de 2006.